Mit Lust und Liebe
SALATE

Geschichte, Sorten, Küchenpraxis und Rezepte aus aller Welt

4

Frisch und appetitlich

Fast alles, was wir auch sonst verspeisen, lässt sich für Salate verwenden. Sie kommen als mehr oder weniger kleine Vorspeisen daher, sind unverzichtbare Grundlage, häufig sogar echte Höhepunkte eines kalten oder kalt-warmen Buffets oder stellen in entsprechender Menge ein sättigendes Tellergericht dar.

■ Niemand muss sich auf den grünen Blattsalat mit roten Tomaten beschränken – einen guten und feinen Sommerklassiker. Die Salat-Palette ist reich und phantasievoll, kombinierte Salate werden aus verschiedenen, geschmacklich aufeinander abgestimmten Zutaten zubereitet. Wer Reis, Nudeln, Mais, Kartoffeln oder Avocados einbezieht, gewinnt eine Menge neuer Möglichkeiten hinzu. Und dank Frühlingszwiebeln, Schalotten, frischen Kräutern, auch Sprossen oder Obst lässt sich Bekanntes immer wieder abwandeln und verfeinern. Für habhaftere Gerichte eignen sich Heringsfilets, Garnelen, Thunfisch, Geflügel, Rindfleisch, Wurst, Wild, um nur einige zu nennen. Oder was halten Sie von Ungewöhnlicherem wie zum Beispiel Semmelknödel- oder Brennnesselsalat (s. S. 82 und 86)?

■ Zu jeder kulinarischen Kreation – ob nun klassisch-herkömmlich oder überraschend – findet sich eine passende Sauce. Standard sind cremiges Dressing, feine Vinaigrette und raffinierte Marinade, oft nur aus ganz wenigen Zutaten bereitet. Wer sie beherrscht, kann sie gerne mit mancher Beigabe nach eigenem Geschmack ergänzen und so das Salat-Erlebnis für Auge und Gaumen noch steigern.

Frisch und appetitlich 5

Schon lange bekannt

Salate sind keineswegs eine Erfindung der modernen Fitness-Küche oder wie immer sie sich nennen mag. Bereits den ägyptischen Pyramidenerbauern vor rund 4.700 Jahren standen Salatpflanzen und Kräuter zur Verfügung, damit sie ihre schwere Arbeit bei möglichst bester Gesundheit verrichten konnten. Im fruchtbaren Zweistromland Mesopotamien wurden Tontafeln mit in Keilschrift verfassten medizinischen Texten gefertigt. Auch auf diesen rund 4.000 Jahre alten Zeugnissen ist von aromatischen Salatpflanzen die Rede.

■ Zu den Sieben Weltwundern der Antike zählen die Hängenden Gärten der Semiramis, der legendären Königin Babylons. In ihnen sollen unter anderem Endivien, grüne Blätter und Würzpflanzen gezogen worden sein, die bei den ebenso legendären Gastmählern – manche sagen Orgien – des Belsazar gereicht wurden.

■ Alexander der Große brachte von seinen Feldzügen neben den Zitrusfrüchten auch Salatpflanzen mit ans Mittelmeer. Schnell freundeten sich die Griechen damit an. Der Arzt und Apotheker Hippokrates führte etwa 300 Salatpflanzen in seinen Schriften an. Ein Aristoteles-Schüler schrieb selbst angebautem Salat, den er vor dem Essen mit Wein begoss, eine überaus positive Wirkung zu, die Harmonie der Seele zu finden.

■ Den Römern blieb es vorbehalten, den Namen Salat einzuführen, ebenso die bis heute gültige Rezeptur für eine vielseitige Marinade: einfach aus Essig und Öl. *Herba salata* steht für gesalzenes Kraut, Julius Moderatus Columella, ein Agrarexperte und Schriftsteller, wählte dann die Bezeichnung *insalata*, genau dasselbe Wort wie heute im Italienischen. Verschiedene Arten Essig zu brauen, verstanden die Römer ebenso gut, wie sie auch als bevorzugte Quelle für Salatöl die allseits verbreiteten Olivenfrüchte heranzogen. Mit den Eroberungen der römischen Truppen drang auch das Wissen um den gesundheitlichen Wert frischen Salats in weite Teile Europas vor.

■ Im Gegenzug verlangte so bei der Belagerung Roms der Gotenkönig Alarich im Jahre 408, dass ihm außer Gold und Silber auch tausende Körbe mit Salatpflanzen übergeben werden. Im islamischen Weltreich, das jahrhundertelang von Spanien bis an die Westgrenze Chinas reichte, wurden Naturwissenschaften und Medizin entscheidend gefördert; zudem die Gesundheitspflege, und in ihr spielten Salatpflanzen eine bedeutende Rolle.

■ Karl der Große verfügte in seiner Landgüterverordnung im Jahr 795 den Anbau von 89 Nutz-, Würz- und Heilpflanzen. Die Benediktiner und andere geistliche Orden nahmen sich ihrer Kultivierung an und sorgten so mit für eine bitter notwendige Verbesserung und Auffrischung des mitteleuropäischen Speisezettels. In dem Buch „Physica" der Äbtissin Hildegard von Bingen (1098–1179) finden sich erstmals auch deutsche Namen für Salatpflanzen. Dennoch hatten es heil- und kräuterkundige Frauen im gesamten Mittelalter schwer und gerieten nicht selten in den Verdacht der Hexerei, was oft tödlich endete.

■ Das Zeitalter der Eroberungen brachte dann allerlei neuartige Gemüse- und Salatpflanzen nach Europa. Und der nächste Schub für die Salatküche ist Frankreich zu verdanken: Kardinal Richelieu kehrte nach dem Sieg von Port Mahon auf der Mittelmeerinsel Menorca strahlend nach Paris zurück. Dem bekannten Weiberhelden braute sein Koch eine „Durchhaltesauce" aus Eigelb, Kräuteressig und Olivenöl namens Mahonnaise, die Ur-Mayonnaise. Während der Französischen Revolution nach England geflüchtete Adlige verdingten sich bald als Salatmischer. Die Besten unter ihnen waren für lange Zeit ausgebucht, reisten von Diner zu Diner, hatten alle notwendigen Zutaten dabei und hüteten ihre Rezepte notfalls bis ins Grab. Sie verarbeiteten stets Frisches, der Jahreszeit Entsprechendes – eine auch aus heutiger Sicht sehr moderne Küche.

■ Wenig entwickelte eigene kulinarische Traditionen und zahlreiche Einflüsse aus unterschiedlichsten Ländern haben insbesondere Nordamerika zu einer wahren Experimentierküche in Sachen Salate gemacht. Die Welle an neuen Kreationen – in denen sich außer den klassischen Pflanzen bald auch Fleisch, Fisch, Krustentiere, Geflügel und Pilze fanden – hat längst in Europa viele Liebhaber und Nachahmer gefunden.

6 Frisch und appetitlich

Moderne Anbautechniken in Gewächshäusern oder unter Folien verlängern zwar die Saison für vieles. Doch in der hiesigen Haupterntezeit ist das meiste – entsprechend günstige Witterung vorausgesetzt – einfach günstiger zu haben und häufig auch schmackhafter. Die schnellen Transporte in Kühllastwagen oder im Flugzeug zumindest europaweit haben allerdings die Grenzen dessen, was als beste Zeit im Jahr zu bezeichnen ist, verwischt. So lohnt es sich stets, auf Preis und Herkunft zu achten. – Oder Sie besitzen selbst einen Gemüsegarten, der die Wahl und Vergleiche zwischen Selbstgezogenem und Gekauftem erlaubt.

Die Haupterntezeiten sind für:

Kopfsalat: April bis Oktober
Löwenzahn: Mai bis Juni
Portulak: Mai bis Juni
Eichblattsalat: Juni bis Dezember
Eisbergsalat: Juni bis Oktober
Endivie: Juli bis Oktober
Feldsalat: Oktober bis März
Brunnenkresse: Oktober bis Mai
Chicorée: Oktober bis Januar
Radicchio: Oktober bis März
Romana: November bis Februar.

Löwenzahn

Während Blattsalate fast nur roh gegessen werden, kommen für Gemüsesalate verschiedene Möglichkeiten der Verarbeitung in Betracht.

1. Roh gegessen werden:

Radieschen: April bis Juni
Rettich: April bis August
Tomaten: April bis Oktober
Gurken: Juni bis September
Sauerkraut: das ganze Jahr.

2. Roh oder gekocht gegessen werden:

Kohlrabi: April bis August
Paprika: Juni bis September
Sellerie: August bis Januar
Chinakohl: Oktober bis April
Rotkohl: September bis März
Weißkohl: September bis März
Rote Bete/ Rübe: August bis Februar
Fenchel: Oktober bis Januar
Karotten: das ganze Jahr
Champignons: das ganze Jahr
Zwiebeln: das ganze Jahr.

3. Nur gekocht gegessen werden:

Spargel: April bis Juni
Erbsen: Juni bis August
Grüne Bohnen: Juni bis August
Blumenkohl: Juni bis August
Kartoffeln: Juni bis Oktober
Brokkoli: Juni bis November
Auberginen: Juli bis Dezember
Lauch: Oktober bis Mai
Artischocken: Dezember bis April
Hülsenfrüchte: das ganze Jahr.

Frisch und appetitlich 7

8 Frisch und appetitlich

Zubereiten und Verfeinern wie Profis

„Mit allem Geiste, den man haben mag, ist man ebenso wenig wie mit aller Weisheit allein imstande, einen guten Salat zu bereiten; es gehören hierzu durchaus vier Menschen: ein Verschwender, der das Öl gibt und gießt, ein Geizhals für den Essig, ein Weiser zum Salz und ein Narr zum Wenden und Mengen der vier Elemente."

Eugen von Vaerst, 1851

Alle Speisen – sogar selbst Eingemachtes oder Eingelegtes, bevor es konserviert wird – verlangen frische oder durch sachgemäße Lagerung frisch gehaltene Zutaten. Umso mehr gilt dies für Blattsalate aller Art. Ihre große Oberfläche lässt den ursprünglich recht hohen Gehalt an wasserlöslichem Vitamin C und B rasch sinken. Wer statt beispielsweise Kopfsalat Robusteres, Kompakteres wie Chinakohl, rohen Paprika, rohes Sauerkraut oder Kohlrabi für einen Salat nimmt, erweist der Gesundheit einen größeren Dienst als mit vor zwei, drei Tagen gekauftem, eventuell bereits etwas angewelktem grünen Salat.

■ Wer ein umfangreicheres Buffet mit verschiedenen Salaten vorzubereiten hat, kann manches etwa einen halben Tag vorher vorbereiten. Wenn beispielsweise für einen Nudel- oder Reissalat einige Zutaten gekocht oder gedünstet, einige jedoch frisch dazu gemengt werden, mischt man alles erst ganz zum Schluss der Zubereitung und kühlt den fertigen Salat gut. In dieser Zeit kann man sich unter anderem den Blattsalaten widmen.

■ Selbst wenn die Zutaten schon ausgeprägten Geschmack aufweisen, Salatsauce gibt die Richtung vor: fruchtig, exotisch, leicht oder pikant. Je zarter der Geschmack der Hauptzutaten, desto zurückhaltender sollten wir die Sauce abschmecken und in der Menge dosieren.

■ Hauptbestandteile jeder Salatsauce sind Säure und Öl oder Sahne. Während Essig, Zitronen- und Orangensaft, Joghurt und Sauerrahm sie erfrischend pikant machen, dienen Öle von Oliven, Sonnenblumen, Erdnüssen, Soja, aber auch Sahne oder Mayonnaise der Geschmacksentfaltung und dem Aufschließen fettlöslicher Vitamine. Das ideale Verhältnis von Essig zu Öl beträgt 1 zu 2 bis 3.

■ Eine besondere Geschmacksnote verleiht man der Salatsauce durch Beigabe von fein gehackten Zwiebeln, Knoblauch, Kräutern, Meerrettich, Kapern und Senf, aber auch Wein oder Spirituosen in kleinen Mengen runden den Geschmack wunderbar ab.

■ Zur Herstellung von Salatsaucen und zum Anrichten sowie Aufbewahren sollten nur Geschirre und Bestecke aus säurebeständigem Material wie Edelstahl, Glas oder Porzellan benutzt werden. So wird eine Oxidation verhindert.

■ In größeren Mengen zubereitet, in Flaschen abgefüllt und für den Wochenbedarf kühl gelagert, steht die Salatsauce immer griffbereit zur Verfügung. Vor Gebrauch muss sie dann nur noch einmal kräftig durchgeschüttelt werden.

Frisch und appetitlich 9

Mit dem richtigen Essig. …

… fein bis kräftig würzenden Kräutern. …

… manch' dekorativer Idee und …

… guter Küchenausrüstung gelingt jeder Salat.

10 Frisch und appetitlich

Ein paar klassische Saucen zu Blatt- und Gemüsesalaten möchten wir hier aufführen:

Mit Essig und Öl:
1 Teil Essig, 2–3 Teile Öl, Salz und Pfeffer; eignet sich zu allen Salaten.

Mit Kräutern:
1 Teil Essig, 2–3 Teile Öl, Salz, Pfeffer, Schalotten und Kräuter wie Petersilie, Estragon, Schnittlauch und Kerbel; eignet sich zu allen Salaten ohne Obst.

Mit Senf:
1 Teil Essig, 2–3 Teile Öl, französischer Senf, Knoblauch, Salz und Pfeffer; eignet sich zu Blatt- und Gemüsesalaten.

Mit Joghurt:
1 Becher Joghurt, 2 EL Orangensaft, 1 TL Zitronensaft, einige Tropfen Worcestersauce, 4 EL Öl, Salz und Pfeffer; eignet sich zu allen Salaten.

Mit Roquefort:
50 g Roquefort, 3 EL (süße, nicht gesüßte) Sahne, 1 EL Chablis (weißer Burgunder), 1 EL Limettensaft, 3–4 EL Öl, Pfeffer; eignet sich zu Blattsalaten sowie Löwenzahn-, Bleichsellerie- und Tomatensalat.

Mit saurer Sahne und Dill:
5 Teile saure Sahne oder Crème fraîche, 1 Teil Zitronen- oder Limettensaft, reichlich geschnittener Dill, Salz und Pfeffer; eignet sich zu Blatt- und Gemüsesalaten, zum Beispiel mit Gurken.

Mit Sahne:
4 Teile (süße) Sahne, 1 Teil Zitronensaft, Salz, Pfeffer oder Edelsüßpaprika; eignet sich zu Blattsalaten, Salaten mit Obst und Gemüsesalat.

Mit gekochtem Eigelb:
2 gekochte Eigelb, je nach Geschmack 1–2 Messerspitzen Sardellenpaste, 1 TL scharfer Senf, 1 TL Essig, 3 EL Öl, 1 EL (süße) Sahne und Pfeffer; eignet sich zu Blatt- und Gemüsesalaten.

Mit Tomaten:
2 Teile würzige Mayonnaise, 1 Teil püriertes Tomatenfleisch, etwas geschlagene Sahne, etwas Weinbrand, Pfeffer, Salz und Zucker; eignet sich zu Blatt- und Gemüsesalaten.

Mit geröstetem Speck:
1 Teil Essig, 2–3 Teile Öl, geröstete Speckstreifen, Salz und Pfeffer; eignet sich zu Kopfsalat, Löwenzahn-, Brunnenkresse-, Kraut- und Kartoffelsalat.

Damit nicht genug: Wie die Bilder zeigen, besteht an Saucen- oder Dressing-Varianten kein Mangel

Und nun wünschen wir gutes Gelingen und besten Appetit – gleich ob Sie eines oder mehrere der folgenden Gerichte versuchen, etwas abwandeln oder selbst neu erfinden!

Tomaten-Dressing

Frisch und appetitlich

Indisches Dressing

Russisch Dressing

Sauce Vinaigrette

Kräuter-Dressing

French Dressing

Thousand-Island-Dressing

Gourmet-Dressing

Speck-Dressing

Zitronen-Dressing

Bunt in Frühling und Sommer

Blutorangensalat
Löwenzahnsalat

Blutorangensalat

- 4 Blutorangen
- 1 kleine weiße Zwiebel
- 1 junge, zarte Fenchelknolle
- 1 EL Zitronensaft
- Salz
- frisch gemahlener schwarzer Pfeffer
- 4 EL Olivenöl
- 20 kleine schwarze Oliven

Löwenzahnsalat

- 4 Eier
- ½ unbehandelte Limette
- 40 g Roquefort
- 4 EL Sahne
- 2–3 EL Dickmilch
- 1–2 EL weißer Burgunder
- 3 EL Sonnenblumenöl
- frisch gemahlener schwarzer Pfeffer
- wenig Salz
- 250 g Löwenzahn

Blutorangensalat

Die Blutorangen rundum so dick schälen, dass die weiße Haut mit entfernt wird, dann in Scheiben schneiden. Den Saft auffangen. Die Zwiebel abziehen und in sehr dünne Ringe schneiden. Die Fenchelknolle waschen, trockentupfen und ebenfalls in sehr feine Ringe schneiden. Das Fenchelgrün klein schneiden und für die Garnitur aufbewahren. Zitronensaft mit aufgefangenem Blutorangensaft sowie Salz und Pfeffer verrühren. Das Olivenöl hinzufügen.

In einer tiefen Schale oder auf Portionstellern die Blutorangenscheiben mit Zwiebel- und Fenchelringen arrangieren. Die Oliven und das Fenchelgrün darauf verteilen und mit der Sauce übergießen.

Auf Sizilien an der Straße von Messina gedeihen am Fuß des Ätna Zitrusfrüchte, vor allem Orangen. „Insalata di arance" ist dort eine der beliebtesten Vorspeisen.

Löwenzahnsalat

Die Eier hart kochen, dann abschrecken und schälen. Etwas Schale der Limette abreiben und den Saft auspressen. Roquefort, Sahne, Dickmilch und weißen Burgunder verrühren. Schale und Saft der Limette sowie das Öl hinzufügen. Mit Pfeffer und wenig Salz abschmecken.

Den Löwenzahn waschen, trockentupfen und in mundgerechte Stücke teilen. Auf Salattellern gefällig anrichten. Die Eier in Spalten teilen und den Salat damit garnieren. Mit der Roquefortsauce übergießen. Vollkorntoast dazu reichen.

Die Heilwirkung von Wildkräutern war schon im Altertum bekannt, auch wenn wir erst heute die enthaltenen Vitamine und Mineralstoffe genau analysieren können. Löwenzahn ist reich damit ausgestattet. In Frankreich wird er eigens angebaut, sodass er dort für eine längere Zeit zur Verfügung steht. Wilder Löwenzahn schmeckt aber immer noch am aromatischsten.

Bunt in Frühling und Sommer

Kopfsalat mit frischen Erdbeeren

Für die Marinade:
- Salz
- Saft von 1 Zitrone
- Zucker
- Öl
- 2–3 EL Weißwein

- 2 Köpfe Salat
- 200 g frische Erdbeeren
- 10 Pfefferkörner
- 1 Bund Petersilie
- 200 g Schmand oder Vollmilchjogurt

Aus Salz, Zitronensaft, Zucker, Öl und Weißwein eine Salatmarinade rühren.

Die Salatköpfe zerteilen, putzen, waschen, trockenschütttteln. Die Blätter nach Belieben etwas zerkleinern und in einer Schüssel oder als Einzelportionen anrichten. Die Marinade darunter ziehen.

Die Erdbeeren vorsichtig waschen, Stiel und Blüte entfernen, Früchte halbieren.

Die Petersilie waschen, trockenschütteln und hacken, den Pfeffer grob zerdrücken.

Den Schmand oder Jogurt über die Salatportionen verteilen, ebenso die Erdbeeren. Zum Schluss Petersilie und Pfeffer darüber streuen.

Erdbeeren sind in unseren Breiten dann reif, wenn es auch gute, volle grüne Salatköpfe gibt. Was liegt näher, als die beiden einmal zu kombinieren? Glücklich darf sich schätzen, wer als Hobby-Gärtner/in beides vom eigenen Boden ernten kann. Doch auch genügend Märkte bieten das, was unter dem Etikett „garantiert ungespritzt" oder „aus eigenem Anbau" daherkommt.

Die hier vorgeschlagene Marinade bekommt durch den Schuss Weißwein einen besonderen Geschmack. Und leicht pikant wird das Ganze durch den Klecks Jogurt sowie den Pfeffer.

16 Bunt in Frühling und Sommer

Gurkensalat-Varianten

Nordischer Gurkensalat
(Foto)
- 1 Salatgurke

Für die Salatsauce:
- 2 EL Essig
- Salz
- frisch gemahlener Pfeffer
- 1 Prise Zucker
- 5 EL Öl
- 1 Bund frischer Dill
- 1 EL Borretsch

Pikante Variante
- 1 Salatgurke
- 1 grüne Paprikaschote
- 1–2 Frühlingszwiebeln
- 1 Bund Dill
- 200 g Jogurt
- 125 g saure Sahne
- 1 TL Meersalz
- je 1 Msp. Chilipulver, Kreuzkümmel, Koriander, Kardamom, Zimt, Muskatblüte oder -nuss, Nelkenpulver
- 2 Msp. schwarzer Pfeffer

Nordischer Gurkensalat

Die Gurke vom dicken zum dünnen Ende schälen. Die bitteren Teile, die bei Freilandgurken am dünnen Ende sitzen können, abschneiden. – Sind die Gurken zart und unbehandelt, kann man die Schale mitessen.

Die Gurke fein schneiden oder hobeln.

Für die Sauce Essig, Salz, Pfeffer, Zucker und Öl verrühren.

Den Dill waschen, trockenschütteln und hacken, ebenso einige Borretschblätter (Gurkenkraut).

Die Salatsauce über die Gurken gießen, die gehackten Kräuter darüber streuen.

Dieses Rezept ist auch in Norwegen verbreitet. Die Sonne lässt in den kurzen Sommern des Nordens Gemüse und Obst wenig Zeit zu Wachstum und Reife. Gefragt sind daher schnell wachsende Arten, eben Gurken.

Pikante Variante

Die Gurke waschen und gegebenenfalls schälen, das dünne, eventuell bittere Ende abschneiden. Den Paprika teilen, entkernen, waschen. Gurke und Paprika in mundgerechte Stücke schneiden. Die Frühlingszwiebeln putzen, waschen und in schmale Ringe schneiden. Den Dill waschen, trockenschütteln und hacken, einige Zweige beiseite legen. Jogurt, saure Sahne und die Würzzutaten gut verrühren und mit dem Dill über den Salat ziehen. Mit Dillzweigen garnieren.

Salat mit Gurken sollte immer frisch zubereitet werden. Die Scheiben oder Stücke verlieren vor allem durch die Zugabe von Salz schnell ihre Flüssigkeit, bleiben also nur begrenzte Zeit knackig-appetitlich.

Bunt in Frühling und Sommer

Zucchini- und Tomatensalat

- 2 mittelgroße Zucchini
- 2 große Fleischtomaten oder 3–4 mittelgroße Strauchtomaten
- 200 g milder Halbhartkäse, z. B. Edamer, am besten in Scheiben
- 1 Schalotte
- 1 Zweig Petersilie
- einige Blättchen Basilikum

Für die Sauce:
- 1 Msp. Senf
- 2 EL Obstessig
- 4 EL Pflanzenöl
- Salz
- frisch gemahlener Pfeffer

■ Die Zucchini waschen, die Enden entfernen, längs halbieren und in dünne Scheiben schneiden. Die Tomaten ebenfalls waschen, Stielansatz entfernen, Früchte in Würfel schneiden.

■ Den Käse bzw. die Käsescheiben in schmale Streifen schneiden und mit dem Gemüse in eine Schüssel geben.

■ Die Schalotte abziehen, die Petersilie waschen, trockenschütteln, beides fein hacken. Die Basilikumblättchen abzupfen. Alle drei Zutaten über den Salal streuen.

■ Die Salatsauce aus den angegebenen Zutaten rühren, mit dem Gemüse gut vermengen. Mindestens 1 Stunde ziehen lassen.

Eine Bereicherung jeder Brotzeit im Süden oder auch in anderen Teilen Deutschlands ist dieses italienischstämmige Rezept. Raum für Varianten ist immer: mit etwas Gurke zusätzlich zu Zucchini, auch mit ein paar Radieschen. Und wer beispielsweise einen Bergkäse wählt, bringt den Geschmack der leichten sommerlichen Zubereitung in eine würzigere Richtung.

20 Bunt in Frühling und Sommer

Kichererbsensalat

120 g	**Kichererbsen**
1	**Lorbeerblatt**
500 g	**grüne Bohnen**
2	**Zweige frisches Bohnenkraut**
2	**Frühlingszwiebeln**
2	**Tomaten**

Für die Salatsauce:

1	**Knoblauchzehe**
½ Bund	**Petersilie**
•	**einige frische Minzeblätter**
•	**Saft von 1 Zitrone**
•	**Meersalz**
•	**frisch gemahlener schwarzer Pfeffer**
6 EL	**kaltgepresstes Olivenöl**
4 EL	**Naturjogurt**
ca. 50 g	**gekeimter Roggen**

Die Kichererbsen über Nacht einweichen.

Am nächsten Tag in 1 Liter Wasser mit dem Lorbeerblatt einige Minuten zunächst sprudelnd kochen, dann etwa 1 Stunde bei geringer Hitze weiter köcheln lassen. Die Bohnen mit Bohnenkraut über Wasserdampf bissfest garen.
Die Frühlingszwiebeln waschen, in Ringe schneiden. Die Tomaten waschen, Stielansatz entfernen, Früchte achteln.

Für die Salatsauce den Knoblauch abziehen und sehr fein schneiden oder pressen. Die Petersilie waschen, trockenschütteln und hacken. Die Hälfte der Minzeblätter ebenfalls hacken.

Knoblauch mit Zitronensaft, Salz und Pfeffer verrühren. Das Öl nach und nach zufügen. Jogurt, Petersilie und die gehackte Minze dazugeben.

Die erkalteten Kichererbsen und Bohnen, Roggenkeime, Frühlingszwiebeln und Tomaten vermischen und auf Tellern anrichten. Mit der Salatsauce übergießen und mit den restlichen Minzeblättern garniert servieren.

Die Heimat der Kichererbsen liegt im erweiterten Mittelmeerraum und in Indien. Seit jeher werden dort in vielen Ländern schmackhafte und nahrhafte Gerichte zubereitet. Auf unser Rezept hier treffen beide Attribute zu.
Als Zutat finden sich die eiweiß-, energie- und ballaststoffreichen, unregelmäßig geformten Bällchen – die botanisch mit der eigentlichen Erbse verwandt sind – in unterschiedlichem Zustand: gemust in afrikanischem Couscous oder Falafel des Nahen und Mittleren Ostens, den leckeren Bällchen. Kichererbse, *garbanzo* ist wichtige Zutat im spanischen Eintopf *alla portrida*, geröstet ersetzt sie sogar Nüsse und Kaffee.

Partysalat provenzalisch

ca. ¼ Ltr	Gemüsebrühe
100 g	Sprießkornweizen
1	Friséesalat
4	Tomaten

nach Belieben
- Vollkorn- oder helles Baguette
- 2 Knoblauchzehen
- 3 EL kaltgepresstes Olivenöl

Für die Salatsauce:
- Saft von 1 Zitrone
- Meersalz
- frisch gemahlener weißer Pfeffer
- 8 EL kaltgepresstes Olivenöl
- 1 TL Kräuter der Provence
- 150 g Schafskäse
- ½ Bund Blattpetersilie
- 60 g Walnusskerne
- 2 EL Sonnenblumenkerne

■ Die Gemüsebühe zum Kochen bringen. Den Sprießkornweizen hineingeben, durchheben und zugedeckt etwa 15 Minuten köcheln, weitere 30 Minuten ohne Temperatur quellen lassen.

■ Den Friséesalat putzen, waschen und zerteilen. Die Tomaten waschen, Stielansatz entfernen, Früchte achteln.

■ Das Baguette in Scheiben schneiden, diese mit den abgezogenen Knoblauchzehen einreiben. Das Brot in Würfel schneiden und im heißen Olivenöl rösten.

■ **Für die Salatsauce** Zitronensaft, Meersalz und Pfeffer verrühren. Das Olivenöl nach und nach zugeben. Mit Kräutern der Provence abschmecken.

■ Den Schafskäse in Würfel schneiden, den Frisée, die Tomaten, die erkalteten Weizenkörner und den Käse auf 4 Teller verteilen.

■ Petersilie waschen, trockenschütteln, Blättchen abzupfen und auf die Salatportionen verteilen. Walnusskerne und Sonnenblumenkerne darüber streuen, die Salatsauce darüber gießen.

■ Die Brotwürfel darauf geben oder getrennt dazureichen.

Ob nun ein südfranzösisches Originalgericht oder nicht – dieser Salat hält jeder Kritik stand. Er macht sich bei Einladungen als ausgiebige Vorspeise gut, er stellt aber auch ein bekömmliches, leichtes Hauptgericht dar, wenn es so richtig heiß ist.

Bunt in Frühling und Sommer

Sommersalat

1		**Blumenkohl**
1/2	Ltr	**Milch**
1/2	Ltr	**Wasser**
1/2		**Salatgurke**
	▪	**Salz**
2	EL	**Öl**
3	EL	**Dillessig**

Für die Salatsauce:

4	EL	**süße Sahne**
	▪	**Salz**
	▪	**Cayennepfeffer**
1	TL	**Essig**
2		**Karotten**

Tipp:
Es gibt Kräuteressig aus Weißweinessig, der auf frischen Kräutern gereift ist: zum Beispiel auf Estragon, Rosmarin oder Dill. Preiswertere Essigsorten bestehen aus Branntweinessig und Kräuteraroma.

▪ Den Blumenkohl waschen, Außenblätter entfernen und den ganzen Kopf in einer Mischung aus Milch und Wasser 15 Minuten garen.

▪ Den Kohl auf einem Sieb abtropfen lassen, die Kochflüssigkeit auffangen und abkühlen lassen. Die Gurke waschen, bei Bedarf schälen, in feine Würfel schneiden und leicht salzen. Öl und Dillessig erhitzen, die Gurkenwürfel darin in wenigen Minuten weich schmoren, herausnehmen und über einem Topf abtropfen lassen.

▪ **Für die Sauce** das Gurken-Wasser mit 1/4 Liter Blumenkohl-Wasser aufgießen und unter kräftigem Rühren 2 bis 3 Minuten kochen. Die Sahne unterrühren und mit Salz, Cayennepfeffer und Essig pikant abschmecken.

▪ Den Blumenkohl in Röschen teilen, den Strunk fein würfeln und alles mit den Gurkenwürfeln mischen.

▪ Die Sauce noch warm darüber gießen und abkühlen lassen.

▪ Die Karotten putzen und raspeln und unmittelbar vor dem Anrichten ein Häufchen davon auf jede Salatportion setzen.

Angesichts dieses durchaus ungewöhnlich zubereiteten Augenschmaus' lohnt ein Blick in die Geschichte: Die Griechen kultivierten das Mischen von Salaten zu hoher Kunst. Zu ähnlicher Zeit bereitete man sich noch in Germanien aus Wildkräutern und Kohl einen recht wohlschmeckenden Salat. Am französischen Hof gab es vor der Revolution sogar spezielle Salatmischer, Hofbeamte, die für besonders gelungene Kreationen mit Orden bedacht wurden. Und nach der Französischen Revolution wanderten manche dieser Küchen-Spezialisten über den Kanal nach England aus, wo sie Karriere machten.

26 Bunt in Frühling und Sommer

Salat-Allerlei mit Käsesauce

8	dicke grüne Spargelstangen
•	Jodsalz
100 g	Zuckerschoten
100 g	dünne grüne Bohnen
1	Kohlrabi
1 Bund	Möhren
1	Fenchelknolle
1 Bund	Frühlingszwiebeln
8	Stangen Staudensellerie
1	gelbe Paprikaschote
200 g	kleine, feste Champignons
4 EL	Kürbiskernsprossen
1	Kästchen Kresse
1	rote Chilischote
1	grüne Chilischote
2	Knoblauchzehen
5	Sardellenfilets
2 EL	Butter
200 ml	süße Sahne
150 g	geriebener Emmentaler
•	frisch gemahlener Pfeffer
1 Prise	Kreuzkümmel

▎ Die holzigen Enden der Spargelstangen abbrechen, das untere Drittel schälen. Die Stangen in wenig Salzwasser 3 Minuten garen, abgießen und auf eine große Platte legen. Die Zuckerschoten und die grünen Bohnen putzen, waschen und getrennt in wenig Salzwasser die Schoten 5 Minuten und die Bohnen 15 Minuten garen, abgießen und abtropfen lassen.

▎ Den Kohlrabi, die Möhren und die Fenchelknolle schälen und waschen. Den Kohlrabi in dicke Stifte, zartes Blattgrün in Streifen schneiden. Die Fenchelknolle in dünne Scheiben schneiden, zartes Grün klein schneiden. Kleine Möhren ganz lassen, dickere Exemplare der Länge nach halbieren oder vierteln. Die Frühlingszwiebeln putzen, den dunkelgrünen Teil wegschneiden. Die Selleriestangen dünn schälen, zartes Grün klein schneiden. Die Paprikaschote putzen, waschen und längs in dünne Streifen schneiden. Die Champignons mit einem feuchten Tuch abreiben, die Füße kürzen. Das Gemüse dekorativ zum Spargel legen.

▎ Die Kürbiskernsprossen abbrausen, die Kresse waschen und abschneiden, die gewaschenen Chilischoten ohne Kerne sehr fein würfeln. Kürbiskernsprossen, Kresse mit Gemüsegrün und Chiliwürfel jeweils in einem kleinen Schälchen anrichten.

▎ Den Knoblauch abziehen und durch die Presse drücken, die Sardellenfilets kalt abspülen und fein hacken. Beides in der Butter 1 Minute schmoren. Die Sahne dazugießen und 2 Minuten köcheln lassen, dann vom Herd ziehen und den Käse darin schmelzen lassen. Die Käsesauce mit Pfeffer und Kreuzkümmel würzen und mit gebuttertem Vollkornbrot zur Salatplatte reichen.

Erstaunlich, was alles in dieser Rohkost steckt: die Vitamine K, A, C, Folsäure, E, Pantothensäure, D, B2 und die Mineralstoffe Kalium, Calcium, Eisen, Zink und Jod. Kresse hat daran einen erheblichen Anteil. Das frischherbe Kraut kann sich jeder schnell selber ziehen. Ein Vollkornbrot, mit Butter bestrichen und mit reichlich Kresse bestreut, ist ein gesunder Hochgenuss.

Bunt in Frühling und Sommer

Frühlingssalat mit verlorenen Eiern

Für die Sauce:
- 1 Schalotte
- 2 Zweige Kerbel
- 2 EL Apfelessig
- 1 TL Ahornsirup
- Salz
- frisch gemahlener weißer Pfeffer
- 6 EL Distelöl

- 1 Bund Brunnenkresse
- 1 Bund Radieschen
- 2 Karotten
- 1 zarter Kohlrabi

Für die verlorenen Eier:
- 1,5 Ltr Wasser
- 2 EL Weißweinessig
- 4 Eier

Für die grüne Mayonnaise:
- 1/2 unbehandelte Limette
- 30 g Brunnenkresse
- 1 reife Avocado
- 1 Knoblauchzehe
- 1 EL Weißweinessig
- Salz
- schwarzer Pfeffer
- 1 frisches Eigelb
- 100 ml Olivenöl

Für die Kräutercroûtons:
- 2–3 Scheiben Weißbrot vom Vortag
- je 1 EL Öl und Butter
- frische Kräuter nach Belieben

Für die Sauce die Schalotte abziehen und fein würfeln. Den Kerbel waschen, trockentupfen, Blättchen von den Stielen zupfen und hacken. Apfelessig, Ahornsirup, Salz und Pfeffer verrühren. Das Öl unter Rühren zufügen. Die Schalotte hineingeben.

Die Brunnenkresse und die Radieschen waschen. Grobe Stiele von der Brunnenkresse entfernen. Die Radieschen in Scheiben oder Stifte schneiden. Karotten putzen, Kohlrabi schälen und alles getrennt in Stifte schneiden. Die Brunnenkresse als Kranz so anrichten, dass in die Mitte das verlorene Ei gelegt werden kann. Die anderen Gemüse gefällig anordnen. Mit der Salatsauce übergießen.

Für die Eier Wasser und Essig aufkochen. Die Eier einzeln in Schälchen aufschlagen und zügig in das siedende Wasser gleiten lassen. 4 Minuten ziehen, auf keinen Fall kochen lassen. Mit einer Schaumkelle herausnehmen und die Ränder glatt schneiden. Die Eier platzieren und mit der grünen Mayonnaise garnieren unter Zuhilfenahme eines Spritzbeutels.

Für die grüne Mayonnaise etwas Schale der Limette abreiben. Den Saft auspressen. Die Brunnenkresse von groben Stielen befreien. Die Avocado schälen, den Kern entfernen. Den Knoblauch abziehen. Alles bis auf das Olivenöl in den Mixer geben und pürieren. Tropfenweise das Öl hineingeben, dabei den Motor auf kleinster Stufe weiterlaufen lassen.

Für die Kräutercroûtons das Brot in Würfel schneiden, in Öl und Butter braten und in frisch gehackten Kräutern wälzen. Die Kräutercroûtons zum Salat servieren.

Brunnenkresse stammt aus dem westlichen Asien und war schon bei den Griechen und Römern sehr beliebt. Der lateinische Name setzt sich aus den Worten *nasus* – Nase – und *tortus* – Windung – zusammen. Da mag der scharfe Geruch wohl mitgewirkt haben. Das Wort Kresse könnte aus dem lateinischen Namen *crescere* – wachsen entstanden sein und somit auf ihr schnelles Wachstum hinweisen. Brunnenkresse wächst weit verbreitet an Quellen, Bachläufen und Teichen. Sie akzeptiert nur sehr sauberes Wasser. Wo wir sie finden, dürfte also die Umwelt intakt sein.

Tomaten-Rohkost
Geschmorter Salat

Tomaten-Rohkost
(oben)

2	Tomaten
1	kleine Zwiebel
1	rote Paprikaschote
1	grüne Paprikaschote
80 ml	Gemüse- oder Fleischbrühe
2–3 EL	Weizenkeimöl
1–2 EL	Aceto balsamico
•	Salz
•	frisch gemahlener Pfeffer
100 g	Mozzarella
1–2 EL	Basilikumblätter

Geschmorter Salat

1–2 EL	Olivenöl
1	Knoblauchzehe
1	kleine Zwiebel
1	rote Paprikaschote
1	kleine Aubergine
•	Salz
1	kleiner Zucchino
1–2 EL	Tomatenmark
2	Tomaten
ca. 100 ml	Brühe
•	Pfeffer
•	Cayennepfeffer
2–3 EL	Obstessig
½ TL	Oregano
½ TL	Basilikumpulver
½ Tasse	frische Kräuter nach Geschmack

Tomaten-Rohkost

Die Tomaten waschen, Stielansatz entfernen, Früchte in Scheiben schneiden. Die Zwiebel abziehen und fein hacken. Die Paprikaschoten halbieren, entkernen, waschen und in Würfel schneiden. Die Rohkostzutaten miteinander in einer Schüssel vermischen.

Die Brühe mit dem Weizenkeimöl und dem Aceto balsamico vermischen. Das Ganze mit Salz und Pfeffer würzen. Die Rohkost damit beträufeln.

Den Mozzarella in Scheiben schneiden. Den Rohkostsalat anrichten und den Käse gleichmäßig darauf verteilen. Zum Schluss frisch gezupfte Basilikumblätter verlesen, waschen, hacken und auf dem Salat verteilen.

Zwei für italienische Küchenkunst typische Zutaten sind hier vereint: Basilikum, das Königs- oder Basilien-Kraut, eine höchst aromatische Gewürzpflanze, die auch problemlos in Töpfen mitteleuropäischer Küchen oder auf sonnigen Balkons gedeiht. Und für die Herstellung des Aceto balsamico tradizionale sind zwei Regionen zuständig: Modena und Reggio Emilia. Aus dem Most weißer Trauben, meist der Sorte Trebbiano, reift der edelste der Essige jahre-, ja jahrzehntelang in Holzfässern aus unterschiedlichstem Holz.

Geschmorter Salat

Das Olivenöl in einem Topf erhitzen. Knoblauch und Zwiebel abziehen und fein hacken, im heißen Öl glasig dünsten. Den Paprika putzen, waschen und in feine Streifen schneiden. Zur Zwiebelmischung geben und mitschwitzen.

Die Aubergine putzen und in Scheiben schneiden. Mit Salz bestreuen und kurz ziehen lassen. Anschließend unter fließendem Wasser abwaschen und gut abtropfen lassen. Zum Gemüse geben und kurz mitschwitzen. Den Zucchino putzen, in Scheiben schneiden und ebenfalls mitschwitzen lassen. Das Tomatenmark unterrühren. Die Tomaten waschen, Stielansatz entfernen, in Scheiben schneiden und zum Gemüse geben. Das Ganze mit Brühe auffüllen. Mit Salz, Pfeffer, Cayennepfeffer, Obstessig, Oregano und Basilikum(pulver) würzen und 5 bis 6 Minuten garen.

Die frischen Kräuter waschen, trockenschütteln und hacken, über den angerichteten Salat streuen.

Vegetarisches im Herbst und Winter

Zweierlei Feldsalat

Feldsalat mit Sellerie
(Foto)

- 200 g Feldsalat
- ½ Sellerieknolle
- 1 mittelgroßer Apfel
- Saft von 1 Zitrone
- 1 kleine Zwiebel
- 1 TL Kräutersalz
- 1–2 TL Zucker
- etwas frisch gemahlener Pfeffer
- 1 EL Senf
- 3 EL Weinessig
- ⅛ Ltr Wasser

Feldsalat sächsisch

- 250 g Kartoffeln
- 400 g Feldsalat
- 4 EL Kräuteressig
- Zucker nach Belieben
- Salz
- frisch gemahlener weißer Pfeffer
- 4 EL Öl
- 1 kleine Zwiebel
- 1 Hand voll Kresse

Feldsalat mit Sellerie

■ Den Feldsalat putzen, gründlich waschen und abtropfen lassen. Den Sellerie schälen, den Apfel nach Belieben, beide Zutaten raspeln und sofort in Zitronensaft legen, damit sie nicht braun werden.

■ Die Zwiebel abziehen und klein schneiden. Aus Kräutersalz, Zucker, Pfeffer, Senf, Essig, Wasser und der Zwiebel eine pikante Marinade herstellen.

■ Zuerst das Apfel-Sellerie-Gemisch in die Marinade geben, dann den Feldsalat dazu, alles vorsichtig mischen und servieren.

Kräuteressig – wie im nebenstehenden Rezept vorgeschlagen – wird in guter Qualität aus Weißweinessig hergestellt, der auf frischen Kräutern gereift ist. Auch eine Mischung aus Branntwein- und Weinessig, mit Kräuteraroma versetzt, ist handelsüblich. Entscheiden Sie selbst, wie kräftig der Essig sein darf, der für die Marinade verwendet wird. Denn auch Feldsalat ist mal zarter, mal robuster, je nachdem, wann und wo er gewachsen ist und geerntet wurde.

Feldsalat sächsisch

■ Die Kartoffeln grob säubern, in Wasser gar kochen und pellen.

■ Den Feldsalat putzen, gründlich waschen und gut abtropfen lassen.
Aus Essig, nach Geschmack etwas Zucker, aus Salz, Pfeffer und Öl eine Marinade rühren. Die Zwiebel abziehen und würfeln, zur Marinade geben.

■ Die Kartoffeln noch warm in Scheiben schneiden und in die Marinade legen.

■ Erst kurz vor dem Servieren den Feldsalat und die frisch geschnittene Kresse vermischen und vorsichtig unter den Kartoffelsalat heben.

Im gesamten Osten und Teilen im Norden Deutschlands stehen die Menschen auf süße Salatsaucen. So auch in Sachsen, wo ja noch manches andere „scheene siße" sein soll.
Wer es herzhafter liebt, lässt einfach den Zucker weg. Oder Sie probieren mal eine weiße Salatsauce, die auch zum puren Feldsalat passt: mit saurer Sahne, Joghurt, Kräutern und Gewürzen wie z. B. Schnittlauch, Pfeffer und Paprika.

34 Vegetarisches im Herbst und Winter

Linsensalat

Zutaten für 6–8 Personen
- 300 g getrocknete Linsen
- 1 große Zwiebel
- 1 Lorbeerblatt
- 2 Gewürznelken
- 3 Knoblauchzehen
- 1 Zweig Thymian
- 4 Petersiliezweige
- 1 Selleriezweig
- 2 Zweige Bohnenkraut
- 4 Karotten
- Salz
- frisch gemahlener Pfeffer

Für die Sauce:
- ½ TL scharfer Senf (Dijonsenf)
- 1 EL Rotweinessig
- Salz
- 3–4 EL kaltgepresstes Olivenöl
- frisch gemahlener schwarzer Pfeffer
- ½ EL gehackte Petersilie
- ½ EL gehacktes Bohnenkraut

Die Linsen etwa 2 bis 3 Stunden vorher in Wasser einweichen.

Die Zwiebel mit dem Lorbeerblatt und den Nelken spicken. 1 Liter Wasser mit der gespickten Zwiebel, 2 ungeschälten Knoblauchzehen und den Kräutern aufkochen. Die abgegossenen Linsen hineingeben und etwas 30 Minuten ohne Deckel bei kleiner Hitze kochen lassen. Ab und zu abschäumen.

Die Karotten putzen, schaben oder schälen, sehr klein würfeln und zu den Linsen geben. Etwa 15 bis 20 Minuten weiterkochen lassen, bis die Linsen gar sind, aber noch nicht zerfallen und etwas Biss haben. Mit Salz und Pfeffer abschmecken und abgießen. Zwiebel, Knoblauch und Kräuter entfernen. Eine Salatschüssel mit einer angeschnittenen Knoblauchzehe ausreiben.

Für die Sauce Senf, Essig und Salz verrühren. Mit den noch lauwarmen Linsen vermischen. Vor dem Servieren mit dem Olivenöl begießen, mit Pfeffer und den gehackten Kräutern bestreuen.

Zu kalt, also direkt aus dem Kühlschrank, schmeckt dieser Salat nicht. Er eignet sich als Beilage zu Grillgerichten, beispielsweise gegrilltem Lammfleisch, oder als Bestandteil eines gemischten Buffets.

Da Linsen in Südfrankreich seit langem so beliebt sind, ist *Salade de lentilles* ein gängiges Rezept. Linsen finden hier auch sonst reichlich Verwendung, besonders im Winter: mit Zwiebeln, Speck oder Sardellenfilets, Knoblauch und manchmal auch Tomatensauce gekocht.

Über Linsen gibt es manches Erstaunliche zu berichten: Zäh ist die Pflanze, die zu den Schmetterlingsblütlern zählt. Sie wächst auch dort noch, wo es andere Nutzpflanzen schwer haben. Die flach-runden Samen von *Lens culinaris* stecken voller Energie und Nährstoffe. Linsen auf herkömmliche Art zubereitet, sind Beilage zu Deftigem wie Rauchfleisch, Speck, Lyoner Würsten u. a. m. Wegen ihres hohen Eiweißgehalts spielen sie aber auch in der vegetarischen Küche eine große Rolle. Probieren Sie einmal Canneloni mit einer würzigen Linsenfüllung – einfach wunderbar.

Salat von Limabohnen und Brokkoli

250 g	**Limabohnen**
500 g	**Brokkoli**
	Salz
	frisch gemahlener schwarzer Pfeffer
	abgeriebene Muskatnuss
2–3	**Karotten**
2	**Zwiebeln**
1 Stück	**Sellerieknolle von etwa 50 g**
3 EL	**Olivenöl**
1–2 EL	**Weißweinessig**

Die Bohnen in knapp 1,5 Liter kaltem Wasser einen Tag einweichen. Am nächsten Tag den Brokkoli waschen. ¼ Liter Wasser zum Kochen bringen. Den Brokkoli hineingeben, salzen, pfeffern und mit Muskatnuss würzen. Etwa 12 Minuten köcheln lassen.

Die Karotten waschen, schaben oder dünn schälen und in dünne Scheiben schneiden. Die Zwiebeln abziehen und würfeln. Den Sellerie waschen, putzen und klein schneiden. Die Bohnen im Einweichwasser mit Karotten, Sellerie und 1 Zwiebel bei mäßiger Temperatur gut 1 Stunde kochen lassen, je nach Alter der Bohnen. Wenn nötig etwas Kochwasser abschütten, aber normalerweise verdampft die Flüssigkeit fast vollständig.

Nach dem Erkalten die Stiele vom Brokkoli etwas abschneiden und anderweitig verwenden. Die Röschen sowie die restliche Zwiebel zu den Bohnen geben. Olivenöl und Essig darüber gießen, mit Salz und Pfeffer abschmecken und etwas durchziehen lassen.

Brokkoli ist eigentlich eine Blüte, die aus fleischigen Stengeln und blaugrünen Blütenröschen besteht. Wie sein Verwandter, der Blumenkohl, stammt er von in Kleinasien wild wachsenden Sorten ab. Schon im 18. Jahrhundert war er in Europa als Bröckelkohl bekannt. Dann geriet er in Vergessenheit und wurde erst in den 50er Jahren des 20. Jahrhunderts wieder neu entdeckt. Brokkoli ist ein vielseitiges Gemüse mit delikatem Geschmack: für Pasta-Gerichte, für Gemüsepasteten und -kuchen oder eben herzhaftsättigenden Salat wie hier beschrieben. Zudem steckt in rohem Brokkoli allerhand an Mineralstoffen und Vitamin A und C, was durch die kurze Garzeit wenigstens zum Teil erhalten bleibt und uns zugute kommt.

Vegetarisches im Herbst und Winter

Radicchio-Orangen-Salat

2 Köpfe Radicchio

Für die Marinade:
- **5 EL Mayonnaise**
- **Salz**
- **frisch gemahlener weißer Pfeffer**
- **nach Geschmack etwas Zucker**

2 süße Orangen

Tipp:
Wer eine besonders bittere Radicchiosorte erwischt hat, kann die Blätter eine kurze Weile in lauwarmes Wasser legen.

Den Radicchio zerteilen, waschen, gut abtropfen lassen und die Blätter in mundgerechte Stücke schneiden.

Für die Marinade Mayonnaise, Salz, Pfeffer und eventuell Zucker verrühren. Die Salatstücke dazugeben und kurz ziehen lassen.
Die Orangen schälen, in Spalten teilen und bei Bedarf – wenn die Häute fest sind – enthäuten. Die Orangenfilets unter die Salatmischung heben und das Ganze einige Minuten durchziehen lassen.

Variante:
Statt Orangen kann man auch Mandarinen nehmen. Und wenn es gerade keine frischen gibt, ist ein Ersatz Dosenware. Da diese in der Regel bereits Zucker enthält, erübrigt sich die Zugabe von Zucker für die Marinade auf jeden Fall.

Radicchio ist wie Chicorée ein Zichoriengewächs und weist je nach Sorte einen spürbaren Anteil Bitterstoffe auf. Manche mögen das nicht, doch gerade diese Geschmacksnote macht den Reiz aus. Vor allem dann, wenn dazu im Kontrast die Salatsauce mild ist und Orangen oder Mandarinen süß-saftig sind. Von den Inhaltsstoffen her ist Radicchio wie Chicorée oder auch der manchmal ebenfalls leicht bittere Endiviensalat sowieso über jeden Zweifel erhaben: Es gibt reichlich Kalium, Calcium, Phosphor, Eisen, Magnesium und Vitamin A. Und nicht zuletzt zeichnet den Radicchio sein appetitliches Aussehen aus: violettrote Blätter mit cremefarbenen bis weißen Rippen.

Sellerie-Kartoffel-Salat

500 g	Salatkartoffeln
¼ Ltr	Gemüsebrühe
1	Staude Stangensellerie
2	säuerliche Äpfel
2	Gewürzgurken

Für die Mayonnaise:

1	Eigelb
1 TL	Senf
1 EL	Öl
100 g	Magerquark
1 TL	Zitronensaft
·	frisch gemahlener weißer Pfeffer
·	Salz

Tipp:
Ein Stück Knollensellerie mitgekocht nimmt manchem Kohlgericht die Penetranz.

■ Die Kartoffeln rechtzeitig kochen, noch warm pellen, abkühlen lassen und in Scheiben schneiden. Die Brühe erhitzen, über die Kartoffeln gießen und 10 Minuten ziehen lassen.

■ Die Selleriestaude in Stangen zerlegen, putzen, gründlich waschen und in feine Stücke schneiden. Die Äpfel waschen, bei Bedarf schälen, halbieren, vom Kerngehäuse befreien und in Scheiben schneiden. Die Gewürzgurken abtropfen lassen und würfeln.

■ **Für die Mayonnaise** Eigelb mit Senf verrühren, mit Öl und Quark vermischen und abschmecken.

■ Die Kartoffeln auf einem Sieb abgießen, abtropfen lassen und anschließend mit dem Sellerie, den Äpfeln und den Gurken in einer Schüssel vermengen.

■ Die Quarkmayonnaise darunter heben, mit Zitronensaft, Pfeffer und Salz abschmecken.

■ Den Salat 30 Minuten an einem kühlen Ort ziehen lassen.

Drei Sorten Sellerie gibt es, jede hat ihre Stärken. Stauden-, Stangen- oder Bleichsellerie wurde noch vor wenigen Jahren fast immer ohne Licht gezogen, sodass die Blätter hellgelb blieben. Heute lässt man ihn durchaus grünen. Staudensellerie lässt sich als Rohkost prächtig verwenden, wird beispielsweise in England gerne zu Käse und Bier geknabbert. Er bewahrt ebenso in feine Streifen geschnitten und in Pfanne oder Wok kurz geschmort in manchem Gemüsegericht seinen knackigwürzigen Charakter.
Zur Knollensellerie und ihrer Verwendung lesen Sie die Rezepte sowie die kleine Anmerkung auf der Seite 44.
Die dritte Sorte Sellerie, die Schnittsellerie, verleiht als Würzkraut sowohl klein gehackt als auch getrocknet Suppen, Saucen, Gemüsen, Salaten und Fisch den typisch würzigen Selleriegeschmack.

Rote-Bete-Rohkost
Rote Bete eingelegt

Rote-Bete-Rohkost

- 3 mittelgroße Rote Bete
- 200 g Karotten
- 150 g Sellerieknolle
- 1 saurer Apfel
- Saft von ½ Zitrone

Für die Sauce:

- 1 mittelgroße Zwiebel
- 1 Knoblauchzehe
- 2 EL Mayonnaise
- 300 g Naturjogurt
- 2–3 EL Chilisauce
- ½–1 TL geriebener Meerrettich
- ½ TL Paprikapulver
- 1 Prise Salz
- 1 Prise frisch gemahlener weißer Pfeffer
- 1 Prise Zucker

Rote Bete eingelegt

- 1 kg Rote Bete
- 7 EL Essig

Für die Marinade:

- ⅛ Ltr Wasser
- 2 EL Zucker
- Salz
- frisch gemahlener schwarzer Pfeffer
- 1 Lorbeerblatt
- 2 Gewürznelken
- ½ TL Kümmel

nach Belieben

- 2 Scheibchen Meerrettich
- 1 Zwiebel
- 6 EL Öl

Rote-Bete-Rohkost

Die Roten Bete, die Karotten und die Sellerieknolle waschen, schälen und auf einer Reibe in feine Streifen raspeln. Den Apfel schälen, vom Kerngehäuse befreien, ebenfalls raspeln und mit dem Gemüse auf einer Platte anrichten. Den Zitronensaft darüber träufeln.

Für die Sauce Zwiebel und Knoblauch abziehen und sehr fein schneiden. Die restlichen Saucen-Zutaten verrühren, mit Zwiebel und Knoblauch vermischen und getrennt zum Gemüse reichen.

Botanisch gehören Rote Bete zu den Gänsefußgewächsen wie Mangold, Zucker- und Runkelrüben. Je nach Region werden sie auch Rote Rübe, Salatrübe, Rohne oder Rahne genannt und kommen zumeist in der Sorte „Rote Kugel" auf den Markt. Der intensive Farbstoff Betanin (E 162) wird in der Lebensmittelindustrie häufig verwendet, um Marmeladen, Süßwaren oder Eis leuchtend rot zu erhalten.

Rote Bete eingelegt

Die Roten Bete gründlich bürsten, Stielansatz und Wurzeln vor dem Kochen nicht abschneiden, da sonst der rote Farbstoff auskocht. 1,5 bis 2 Liter Wasser mit der Hälfte des Essigs zum Kochen bringen. Rote Bete hineingeben und etwa 50 Minuten kochen lassen.

Für die Marinade währenddessen den restlichen Essig und alle Marinade-Zutaten kurz aufkochen. Die Roten Bete herausnehmen, etwas abkühlen lassen und noch lauwarm schälen. In Scheiben schneiden und in eine Schüssel legen.

Die Zwiebel abziehen und hacken und mit dem Öl zu der Marinade geben, alles vermengen und über die Roten Bete gießen. Dann gut abgedeckt 12 bis 14 Stunden an einen kühlen Ort stellen. Hin und wieder durchmischen.

Die robusten Roten Bete eignen sich vor allem für Regionen mit kurzem Sommer wie dem Hochgebirge oder Skandinavien. Sie speichern nämlich Mineralstoffe so gut, dass wir auch im Winter noch viel an Kalium, Phosphor und Magnesium aus ihnen ziehen können.

Zwei Sellerie-Salate

Sellerie-Ananas-Salat
(vorne)

- ½ Sellerieknolle
- Saft von ½ Zitrone
- ½ frische Ananas oder 3–4 Scheiben Dosenware, schwach gesüßt
- 2 Äpfel
- 125 ml süße Sahne
- 1–2 EL Crème fraîche
- 1 Prise Meersalz
- 4 EL gehackte Walnüsse
- 3 EL ungeschwefelte Rosinen
- 3–4 EL Bockshornkleegrün

Sellerie-Apfel-Frischkost

- 2 Orangen
- 2 Äpfel
- 150 g Sellerieknolle

Für die Sauce:
- Saft von 1 Zitrone
- Meersalz
- frisch gemahlener weißer Pfeffer
- ½ TL Dijonsenf
- 6 EL Sojaöl

- 50 g Walnüsse

Sellerie-Ananas-Salat

Die Sellerieknolle waschen und bürsten, dann fein raffeln und mit Zitronensaft beträufeln. Das Fruchtfleisch der halben frischen Ananas auslösen und würfeln. Die Äpfel grob raffeln und beides zum Sellerie geben.

Die Sahne schlagen, Crème fraîche und Salz zufügen und mit Nüssen und Rosinen unter den Salat ziehen. Mit Bockshornkleegrün bestreuen.

Sellerie-Apfel-Frischkost

Zunächst die Zutaten für die Salatsauce gründlich verrühren.

Orangen schälen, Äpfel waschen und abtrocknen, beide in Würfel schneiden. Sellerie putzen, abbürsten oder schälen und raffeln. Sofort mit der Salatsauce vermischen. Mit gehackten Nüssen bestreut servieren.

Knollensellerie ist zum einen ein klassisches Suppen- und Würzgemüse, lässt sich aber genauso gut in Rohkost veredeln (s. auch Rezept S. 42). Insbesondere in konzentrierter Form kommen in Selleriesalz und Selleriesaft die Geschmacksstoffe, die auf ätherischen Ölen beruhen, nachhaltig zum Vorschein. Seit dem Altertum wird dem Sellerie im Allgemeinen, Selleriesalz und -saft im Besonderen aphrodisiakische Eigenschaften zugebilligt. Zudem versprach Sellerie-Verzehr ewige Jugend …

Gemüsesalat

8–10	kleine Kartoffeln
1	kleiner Blumenkohl
2 Stück	Brokkoli
4	kleine Karotten
3	kleine Zucchini
2 Stangen	Staudensellerie
•	Meersalz
½ Ltr	Wasser
¼ Ltr	Milch
•	geriebene Muskatnuss
100 g	Zuckererbsen
2	Frühlingszwiebeln
1 Bund	Schnittlauch

Für die Marinade:

2–3 EL	Obstessig
•	frisch gemahlener weißer Pfeffer
1 Msp.	Senf
7–8 EL	Sonnenblumenöl

■ Die Kartoffeln waschen und in der Schale in etwa 20 Minuten gar kochen. Dann pellen und in Scheiben schneiden.

■ Blumenkohl putzen, waschen, verlesen, Brokkoli ebenso und beide in Röschen teilen. Karotten, Zucchini, Sellerie waschen, Karotten bei Bedarf schälen, Selleriestangen abfädeln. Alle drei dünn schneiden.

■ Salzwasser und Milch erhitzen, den Blumenkohl mit einer Prise Muskatnuss hineingeben und in 15 bis 20 Minuten nicht zu weich kochen.

■ Die anderen Gemüse bis auf die Zuckererbsen für etwa 20 Minuten im Dampfeinsatz eines Topfs garen, die Zuckererbsen 10 Minuten vor Ende der Garzeit zugeben. Oder das Ganze in einem normalen Topf mit wenig Wasser entsprechend garen, sodass alles noch genug Biss aufweist.

■ Die Frühlingszwiebeln und den Schnittlauch waschen, trockenschütteln, in Streifen bzw. Röllchen schneiden, über die gegarten Gemüse geben.

■ **Für die Marinade** Obstessig mit Salz, Pfeffer und Senf verrühren, das Öl zufügen und gut verrühren.

■ Den Salat mit der Marinade übergießen und vor dem Servieren noch gut abkühlen lassen.

Es muss nicht immer ein Salat aus rohen Zutaten sein. Vor allem wenn die hier verarbeiteten frischen Gemüse ihre beste Zeit haben, bietet sich eine bunte Mischung an. Sie können natürlich die eine oder andere Zutat weglassen, ohne dass der appetitanregende Eindruck gemindert wird. Und die Gesundheit hat am meisten davon, wenn alles Gegarte möglichst kurz mit möglichst wenig Wasser in Berührung war. Kurzum: ein knackiger Augen- und Gaumenschmaus!

Vegetarisches im Herbst und Winter

Fruchtiger Chinakohlsalat

300 g	**Chinakohl**
2	**Äpfel**
200 g	**Goudakäse**
1 EL	**Sultaninen**
1–2 EL	**Rum**
200 g	**Mandarinenfilets, frisch oder aus der Dose**

Für die Sauce:
- 150 g **Naturjogurt**
- 1 EL **flüssiger Honig**
- ½ TL **Senf**
- **Saft von 1 Zitrone**

Nach Geschmack:
- **Salz**
- **frisch gemahlener Pfeffer**
- 1 **Orange**

Den Chinakohl waschen und in Streifen schneiden. Die Äpfel waschen, vierteln, vom Kernhaus befreien, bei Bedarf schälen und in feine Spalten schneiden. Den Käse in feine Streifen schneiden.
Die Sultaninen mit dem Rum tränken, anschließend über einem Sieb abgießen.

Die Mandarinen schälen und in Filets teilen oder bei Dosenware ebenfalls in einem Sieb abtropfen lassen.

Für die Sauce den Jogurt mit Honig, Senf und Zitronensaft gut verrühren. Den Salat mit der Sauce gut vermischen und bei Bedarf mit etwas Salz und Pfeffer abschmecken.

Wer mag, garniert den angerichteten Salat noch mit Orangenstückchen oder -spalten.

Variante:
Statt mit Senf und Honig kann die Salatsauce auch mit Curry, etwas Cayennepfeffer und kleinen Bananenstückchen einen Hauch Asien bekommen. Dies harmoniert ebenso mit den restlichen fruchtigen Zutaten.

Der Chinakohl, auch Peking- oder Selleriekohl genannt, ist ein Verwandter des Weißkohls und kam erst um die Wende des 19. zum 20. Jahrhundert nach Europa. Inzwischen hat er sich auch bei uns zu einem beliebten, vielseitig verwendbaren Gemüse entwickelt. Angebaut wird er in Europa vor allem in Frankreich und Deutschland.
Außer als Salat kann das delikate Gemüse dank seiner kurzen Garzeit auch wie folgt zubereitet werden: kurz im Wok schwenken und zu anderen Gemüsen mischen oder für eine Suppe in Streifen kurz blanchieren. Oder die Kohlköpfe quer halbieren, die unteren Hälften aushöhlen und mit einer würzigen Tomaten-Käse-Zucchini-Füllung in Wasser, Weiß- oder Rotwein und Öl dünsten.

Rotkrautsalat mit Entenbrust

1	**kleiner Kopf Rotkraut**
	Salz
	frisch gemahlener Pfeffer
1	**Zwiebel**
3 EL	**Essig, am besten Balsamico**
2 EL	**Johannisbeergelee**
2	**säuerliche Äpfel**
3 EL	**Walnussöl**
4	**Entenbrüstchen**
	Salz
	frisch gemahlener Pfeffer
1 EL	**Öl**

Tipp:
Zum Schneiden des Krauts eignet sich ohne Weiteres dieselbe Maschine, mit der sonst Brot oder Wurst zerteilt werden.

Die äußeren Blätter und die dicken Blattrippen der Krauts entfernen, den Strunk herausschneiden. Das Kraut quer in feine Streifen schneiden, in einer Schüssel mit Salz und Pfeffer abschmecken. Etwa 2 Stunden ziehen lassen.
Die Zwiebel abziehen und fein würfeln, zum Kraut geben.

Den Backofen auf 180 °C vorheizen. Essig und Johannisbeergelee in einem Topf etwas erwärmen, über das Kraut geben und noch einige Minuten ziehen lassen.

Die Äpfel schälen, in feine Stücke schneiden und mit dem Walnussöl unter das Kraut mischen.

Die Entenbrüstchen mit Salz und Pfeffer würzen, in heißem Öl kurz scharf anbraten, dann im Backofen in etwa 15 Minuten fertig schmoren. Vor dem Aufschneiden etwas ruhen lassen.

Dieses moderne schwäbische Rezept steht durchaus in der Tradition einfacher Hausmannskost. Der Salat kommt mit wenigen ausgesuchten Zutaten aus, Produkten heimischer Landwirtschaft. Man könnte ihn dennoch als Festtagsessen bezeichnen, denn Fleisch gab es früher für die meisten Menschen nur selten Wie karg viele Leute im Schwäbischen einst zu leben gezwungen waren, wo es doch heute wirtschaftlich den meisten wirklich gut geht, lassen oft nur noch alte Berichte erahnen.

Mit Fisch und Fleisch

Geflügelsalat mit Trauben

Zutaten für 8 Personen:
- 150 g Nudeln, z. B Bandnudeln oder Spiralen
- je 250 g weiße und blaue Trauben
- 250 g gekochtes Hühnerfleisch ohne Haut und Knochen
- 2 Orangen
- 6 Scheiben Ananas (Dosenware)

Für die Salatsauce:
- Saft von 2 Zitronen
- 125 g saure Sahne
- 50 g Crème fraîche
- 1 EL Tomatenmark
- Salz
- frisch gemahlener weißer Pfeffer
- 1 Prise Zucker

Zum Garnieren:
- 100 g Mandarinenfilets, Dosenware oder frisch

Die Nudeln in Salzwasser bissfest kochen, herausnehmen und abtropfen lassen.

Die Trauben waschen und halbieren. Das gekochte Hühnerfleisch – zum Beispiel ein gut gekühlter Rest von einem Frikassee – falls nötig in mundgerechte Stücke teilen. Fleisch und abgekühlte Nudeln in einer Schüssel mischen.

Die Orangen schälen und in Filets teilen. Orangen und Ananasscheiben in kleine Stücke schneiden. Alles in der Schüssel anrichten. Für die Salatsauce alle angegebenen Zutaten miteinander vermischen, dann über den Salat gießen.
Mit den Mandarinenfilets garnieren und einige Stunden durchziehen lassen.

Getreu dem Motto, dass sich Gegensätze anziehen, wurde bei der Mischung dieses Salats verfahren: die Süße der Früchte mit der Säure der Sauce, dazu das nicht zu würzige Hühnerfleisch und die gesalzenen Nudeln. Wie gesund Trauben sind, ist seit langem bekannt. Sie enthalten viele Mineralstoffe wie Kalium, Calcium, Magnesium, Phosphor und Eisen sowie Fruchtsäuren. Speziell zum Essen gezüchtete Tafeltrauben enthalten wenige Kerne und sehen oft viel schöner aus als die zahllosen Sorten zum Keltern. Erfreuen wir uns zum Beispiel an Datteltrauben und Muskattrauben, Regina aus Griechenland oder Italien, Chasselas aus Frankreich oder südafrikanischen Sorten. Man kann Traubenkuren machen zur Reinigung und Stärkung des gesamten Organismus, aber auch als Diät. Während 2 bis 4 Wochen werden anfangs und zum Schluss in der Regel 1 bis 1,5 Kilogramm, in der Mitte jedoch bis zu 3 Kilogramm köstliche Weintrauben verzehrt.

Hähnchen-Avocado-Salat
Brunnenkresse-Salat

Hähnchen-Avocado-Salat
(oben)
- 1 TL Zucker
- 4 EL Zitronensaft
- Salz, weißer Pfeffer
- 2 Msp. Kreuzkümmel
- 1 Msp. Kurkuma
- 7–8 EL Olivenöl
- 2 Avocados
- ca. 350 g gekochtes oder gebratenes Hähnchenbrustfleisch
- 80 g gekochte kleine Linsen aus der Champagne
- 12 Cocktailtomaten
- 2–3 Zweige Kerbel

Brunnenkresse-Salat

Für die Sauce:
- 1 unbehandelte Limette
- 1/2 Zitrone
- 2 Frühlingszwiebeln
- 1/2 möglichst frische Knoblauchzehe
- 40 g Pistazienkerne
- 2 reife Avocados
- 6 EL Olivenöl
- Salz, weißer Pfeffer
- 1 TL Zucker

- 1 Bund Brunnenkresse
- etwa 2 Handvoll Portulak

Hähnchen-Avocado-Salat

Für das Dressing Zucker, Zitronensaft, Salz, Pfeffer, Kreuzkümmel und Kurkuma verrühren. Das Olivenöl unter Rühren nach und nach zufügen.

Die Avocados schälen, halbieren, den Kern entfernen und in einzelne Segmente schneiden. Dekorativ mit Hähnchenbrustfleisch, Linsen und Cocktailtomaten auf Tellern anrichten. Mit Dressing übergießen. Mit gewaschenen und trockengetupften Kerbelblättchen garniert sofort servieren, da Avocados bei längerem Stehen sich dunkel verfärben.

Brunnenkresse-Salat mit Portulak

Die Limette gut waschen, trockentupfen. Die Hälfte der Schale abreiben. Den Saft der Limette und der Zitrone auspressen. Die Frühlingszwiebeln waschen, putzen und in dünne Ringe schneiden. Den Knoblauch abziehen und zerdrücken oder sehr fein schneiden. Die Pistazienkerne hacken. Die Avocado schälen, halbieren und den Kern entfernen. Limetten- und Zitronensaft zufügen und mit dem elektrischen Handrührer pürieren. Limettenschale, Knoblauch, Olivenöl, Pistazienkerne und Frühlingszwiebeln zufügen. Mit Salz, Pfeffer und dem Zucker würzen.

Die Brunnenkresse und den Portulak waschen und trockentupfen. Die Stiele entfernen und die Blättchen gefällig auf Tellern auslegen. Die Sauce dazugießen und sofort servieren. Als Getränk passt dazu Mineralwasser oder auch eine Weinschorle.

Den Farbtupfer neben den Avocados setzt bei dem Rezept mit der Hähnchenbrust der Kerbel, auch Suppen-, Körbel- oder Küchenkraut genannt. Das typische Frühjahrskraut weist einen süßlich-frischen Geschmack mit leichtem Anisaroma auf und sollte beim Kombinieren mit anderen, kräftiger aromatisierenden Kräutern nicht „zugedeckt" werden. Am besten kommen die Eigenschaften des Kerbel also solo zur Geltung, wenn die frisch geernteten Blätter und jungen Stängel erst nach Garende fein gehackt über die Speisen gestreut werden.

Mit Fisch und Fleisch

Eichblattsalat mit Lammfilets

2	Knoblauchzehen
1 TL	Salz
400 g	Lammfilets
1 TL	Oregano
•	Butter oder Butterschmalz zum Braten
je 1	rote und grüne Paprikaschote
2	Tomaten
½	Salatgurke
15–20	schwarze Oliven
1 Kopf	Eichblattsalat

Für die Salatsauce:

100 g	Jogurt
50 g	körniger Frischkäse
1 Bund	Frühlingszwiebeln
1 Bund	Schnittlauch
4 EL	Essig
•	Salz
•	frisch gemahlener Pfeffer
1 Prise	Kümmel
1 Prise	Cayennepfeffer
1 Prise	Zucker
einige	Tropfen Worcestersauce
1 Bund	Minze

■ Den Knoblauch abziehen und mit Salz zerreiben. Die küchenfertigen Lammfilets damit einreiben, mit Oregano würzen. Lammfilet in erhitzter Butter oder Butterschmalz nach Geschmack medium oder durch braten, herausnehmen, in Alufolie wickeln und erkalten lassen.

■ Die Paprikaschoten teilen, entkernen, waschen und in kleine Würfel schneiden. Tomaten waschen, Stielansatz entfernen oder überbrühen und häuten, Früchte würfeln. Die Gurke schälen und ebenfalls würfeln. Die Oliven gut abtropfen lassen. Das Lammfilet würfeln und mit allen Zutaten vermischen.

■ **Für die Sauce** den Jogurt mit dem Frischkäse glatt rühren. Die Frühlingszwiebeln putzen, waschen, in Scheiben schneiden, den Schnittlauch waschen, trockenschütteln, in Röllchen schneiden, beides unter die Sauce ziehen. Mit den Gewürzen abschmecken und die Salatmischung anmachen.

■ Den Eichblattsalat putzen, waschen, gut abtropfen lassen. Die Minze waschen, trockenschütteln, hacken. Den Eichblattsalat auf Teller verteilen, mit ein paar Tropfen Essig und Öl beträufeln. Den Lammfilet-Salat darauf verteilen, mit Minze bestreuen.

Eine besonders ansehnliche Sorte aus der Familie der Garten- oder Pflücksalate ist der Eichblattsalat oder Eichlaubsalat. Einziger Nachteil ist seine Neigung schnell zu welken. Man kann die rotbraun- bis rotrandigen Blätter wie anderen grünen Salat zubereiten, er verträgt auch stets kräftige Würze wie hier. Wer dem Ganzen – in einem separaten Rezept – eine andere Tönung geben und den leicht nussartigen Eigengeschmack des Eichblattsalats noch betonen will, greift zum Beispiel zu Walnussöl für die Salatsauce.

Nudel-Spargel-Salat
Bündner Nudelsalat

Nudel-Spargel-Salat
- 250 g Nudeln (Farfalle)
- 2 TL Weißweinessig
- 2 EL Öl
- 400 g gekochter grüner Spargel
- 150 g gekochter Schinken

Für die Basilikumcreme:
- 1 Bund Basilikum
- 6 Blätter Zitronenmelisse
- 30 g Pininenkerne
- 2 TL Zitronensaft
- 2 EL Olivenöl
- 125 g Crème fraîche
- 1–2 EL süße Sahne
- 2–3 EL geriebener Parmesan
- Salz
- frisch gemahlener weißer Pfeffer

Bündner Nudelsalat
- 40 g Rosinen
- 2 EL Portwein
- 30 g Walnusskerne
- 250 g Vollkorn-Spiralnudeln (Fusilli)
- 1 Eigelb
- 3–4 EL Naturjogurt
- 3 EL Distelöl
- Salz
- frisch gemahlener schwarzer Pfeffer
- 1 Knoblauchzehe
- ca. 120 g Bündner Fleisch

Nudel-Spargel-Salat

Die Nudeln in kochendem Salzwasser bissfest kochen, abgießen und abschrecken. Mit Essig und Öl mischen.

Spargel in mundgerechte Stücke und den Schinken in feine Streifen schneiden.

Für die Basilikumcreme den Basilikum von den Stielen zupfen. Mit Zitronenmelisse, Pinienkernen, Zitronensaft und Olivenöl im Mixer pürieren. Crème fraîche, Sahne und Parmesan zufügen, mit Salz und Pfeffer abschmecken. Die Crème über den Salat geben, einige Stunden kühl stellen.

Alle Jahre wieder freuen sich Feinschmecker auf bestimmte Wochen im Frühjahr – die Spargelzeit. Grüner Spargel schmeckt würziger als der weiße und hat zudem den Vorteil, dass er, wenn er richtig frisch ist, nur an den Enden ein wenig geschält werden muss.

Bündner Nudelsalat

Die Rosinen in Portwein 30 Minuten einlegen. Die Nüsse in einer trockenen Pfanne anrösten, dann fein mahlen.

Die Nudeln in kochendem Salzwasser bissfest kochen, abgießen und abschrecken.

Eigelb mit Jogurt verrühren, das Öl nach und nach zugeben, mit Salz und Pfeffer abschmecken. Den Knoblauch abziehen und sehr fein schneiden oder zerdrücken. Knoblauch und Rosinen zur Sauce geben. Alles mit den Nudeln und dem fein geschnittenen Bündner Fleisch mischen. Den Salat einige Stunden durchziehen lassen.

Die Graubündner verstehen sich auf eine außergewöhnliche Delikatesse: Besonders zarte, fettfreie Muskelstücke der Rinderkeule werden mit einer Lake aus Salz, Pfeffer, Wacholderbeeren und würzigen Gebirgskräutern eingerieben und fest zusammengebunden. Nach etwa 6 Monaten Trockenzeit in frischer Gebirgsluft sind vom ursprünglichen Gewicht noch etwa 50 Prozent übrig. Dann darf vom Bündner Fleisch, das hauchzart gehobelt oder geschnitten wird, erstmals gekostet werden.

Mit Fisch und Fleisch

Zweierlei Kartoffelsalat

Grumbeersalat mit Bettseicher

600 g	gekochte Kartoffeln vom Vortag
ca. 300 g	Löwenzahn
3–4	Eier

Für die Salatsauce:

1	kleine Zwiebel
•	Salz
•	frisch gemahlener Pfeffer
2 TL	Senf
2 EL	Essig
3 EL	Öl
60 ml	süße Sahne
60 ml	Milch

Saarländischer Kartoffelsalat

1,25 kg	Kartoffeln, möglichst fest kochend
1 Stange	Lauch
1	Zwiebel
150 g	geräucherter Bauchspeck
3 EL	Öl
1/8 Ltr	Fleischbrühe
6 EL	Weißweinessig
•	Salz
•	Pfeffer
2 TL	Senf

Grumbeersalat mit Bettseicher

Kartoffelsalat mit Löwenzahn Die Kartoffeln pellen und in Würfel oder Scheiben schneiden. Den Löwenzahn waschen, trockentupfen und in mundgerechte Stücke zupfen. Die Eier hart kochen, abschrecken und pellen.

Für die Salatsauce die Zwiebel abziehen und fein würfeln. 2 Eigelb mit Salz, Pfeffer, Senf und Essig verrühren. Langsam das Öl zufügen, ebenso Sahne und Milch und alles verrühren. Das Eiweiß hacken und mit der Zwiebel zugeben. Die restlichen Eier in Spalten teilen.

Die Kartoffeln in eine weite Schüssel geben. Mit der Salatsauce übergießen und 1 Stunde gekühlt durchziehen lassen.

Den Löwenzahn gefällig darum anrichten und mit den Eispalten garniert servieren.

Der harntreibenden Wirkung verdankt der Löwenzahn seine saarländischen Namen: „Bettseecher, Bettsejer" oder „Bettsäächer", je nach Gegend.

Saarländischer Kartoffelsalat

Die Kartoffeln waschen und ungeschält in Wasser in etwa 30 Minuten gar kochen. Den Lauch gründlich waschen und in schmale Ringe schneiden. Die Zwiebel abziehen und fein hacken. Den Speck in kleine Würfel schneiden.

Das Öl in einer weiten Pfanne erhitzen. Den Speck und die Zwiebel dazugeben und einige Minuten andünsten, kurz den Lauch hineingeben und mit der Brühe ablöschen. Essig, wenig Salz, Pfeffer und Senf in einer Schüssel verrühren.

Die Kartoffeln abgießen, etwas abkühlen lassen und in Scheiben schneiden. Zusammen mit Speck, Zwiebel und Lauch zu der Salatsauce geben. Alles gut vermischen, abschmecken und lauwarm oder kalt servieren.

Ein kräftiges Bauernbrot und ein Bier passen immer dazu.

Mit Fisch und Fleisch

Tomatensalat mit Rotwurst

400 g	**Tomaten**
200 g	**Fleischblutwurst**
2	**mittelgroße Zwiebeln**
•	**Salz**
•	**frisch gemahlener Pfeffer**
•	**Essig**
•	**Zucker**
•	**Öl**
•	**frische Kräuter wie Petersilie oder Schnittlauch**

Nach Geschmack:

2	**gekochte Eier**
1–2	**Äpfel**

Wer mag, kocht zunächst 2 Eier in 7 bis 8 Minuten hart.

▪ Die Tomaten waschen, Stielansatz entfernen, je nach Größe in 4 bis 8 Stücke schneiden. Die Wurst enthäuten und in etwa 1 Zentimeter große Würfel schneiden. Wurst und Tomaten vorsichtig vermischen.

▪ Die Zwiebeln abziehen und in Scheiben schneiden.

▪ Aus Salz, Pfeffer, Essig, Zucker und Öl eine pikante Marinade rühren, über den Salat gießen. Den Salat kühl stellen.

▪ Die Kräuter waschen, trockenschütteln, hacken und vor dem Anrichten darüber streuen.

▪ Je nach Geschmack machen Sie diesen Salat noch bunter: mit Spalten oder Scheiben von hart gekochtem Ei und Apfel.

Aus Thüringen stammt dieses Rezept, dem Gartenland. Und das hat Tradition: Bereits im 12. Jahrhundert hätten sich die Erfurter den Titel „des Heiligen Römischen Reiches Gärtner" verdient, billigt ihnen der Romancier Karl Emil Franzos zu. Nicht wenige Gemüsegärten mitten in der thüringischen Landeshauptstadt oder an ihren Rändern unterstreichen diese Worte.

Ganz praktisch gesehen: Tomaten, am Strauch gediehen und gereift, sind nicht nur in Thüringen vieler Gärtnerinnen und Gärtner Stolz. Ihr voller Geschmack steht im reizvollen Kontrast zu dem der Rotwurst, die in Thüringen viele Liebhaber hat. Aus der Kombination wird ein rechtes Feinschmecker-Gericht.

Endiviensalat rheinisch
Specksalat

Endiviensalat rheinisch
(Foto)
- 2 große Kartoffeln
- Salz
- 1 großer Kopf Endiviensalat
- 200 g durchwachsener Speck
- 1/8 Ltr Fleisch- oder Gemüsebrühe
- 1 Zwiebel
- 4 EL Öl
- 3 EL Essig
- 1/2 TL frisch gemahlener Pfeffer
- 1 Prise Zucker

Specksalat
- 1 großer Kopfsalat
- 125 g durchwachsener Räucherspeck
- 2 EL Essig oder Zitronensaft
- 2–3 EL Zucker
- 3 EL gehackte Salatkräuter

Endiviensalat rheinisch

Die Kartoffeln waschen und in 1/2 Liter Salzwasser weich kochen. Inzwischen den Salat putzen, in feine Streifen schneiden, kurz waschen und gut abtropfen lassen.

Den Speck klein würfeln und kräftig anbraten. Mit der Brühe in etwa 15 Minuten weich kochen und abgießen.

Die Zwiebel abziehen, klein hacken und zusammen mit Öl, Essig, Salz, Pfeffer und Zucker eine Sauce rühren. Den Salat zugeben.

Die gekochten, noch warmen Kartoffeln pellen, durch eine Kartoffelpresse drücken und kurz vor dem Servieren zusammen mit dem Speck unter den Salat ziehen.

Grünen Salat, in diesem Fall den robusten Endiviensalat mit geriebenen Kartoffeln zu mischen, ist niederrheinische und bergische Art. Dazu „noch jet dranzudonn" heißt, etwas Herzhaftes dazuzumischen. In entsprechender Menge kann dieser Salat alltags schon alleine satt machen. In einem Menü mit Fleisch ist er indes stets Beilage.

Specksalat

Den Salat putzen, waschen, gut abtropfen lassen und nur grob zerteilen.

Den Speck würfeln und in einer Pfanne auslassen. 1/8 Liter Wasser angießen, Essig oder Zitronensaft und Zucker zufügen. So lange rühren, bis sich der Zucker aufgelöst hat.

Die Salatblätter auf Teller verteilen, mit der süßsauer abgeschmeckten Sauce übergießen und den Kräutern bestreuen.

Dies ist die nord- und ostdeutsche Variante von grünem Salat mit deftiger Specksauce, typisch süßsauer abgeschmeckt. Die meisten Salatfans in Mecklenburg, Brandenburg, Berlin, Sachsen, Sachsen-Anhalt, aber auch in Thüringen, Niedersachsen und Schleswig-Holstein mögen auch an „normalem" Salat, der ohne Speck angerichtet wird, ein erhebliches Maß Zucker, was eben diese besondere Note ergibt.

Mit Fisch und Fleisch

Rindfleischsalat mit Pfifferlingen

400 g	**Rinderfilet**
1½–2 EL	**Butterschmalz**
•	**Salz**
•	**frisch gemahlener Pfeffer**
100 g	**durchwachsener Speck**
1	**Zwiebel**
2 EL	**Butter oder Butterschmalz**
100 g	**frische Pfifferlinge**
3 EL	**süße Sahne**
⅛ Ltr	**Weißwein**
200 g	**Crème fraîche**
•	**Saft von ½ Zitrone**
je 1 Prise	**geriebene Muskatnuss, Salz und Pfeffer**
½ Bund	**Schnittlauch**
½ Bund	**Petersilie**
1	**Eichblattsalat**
4 EL	**Pinienkerne**
2 EL	**Pistazienkerne**

■ Das küchenfertige Rinderfilet im Butterschmalz je nach Geschmack medium oder durch braten. Herausnehmen, salzen, pfeffern, in Alufolie wickeln und erkalten lassen.

■ In der Zwischenzeit den Speck in kleine Würfel schneiden, die Zwiebel abziehen und fein hacken. Butter oder Butterschmalz in einer Pfanne erhitzen, die Speckwürfel anbraten, kurz darauf die Zwiebel zugeben, alles glasig andünsten. Die Pfifferlinge waschen, abtropfen lassen und zugeben, kurz mitdünsten. Die süße Sahne schlagen und beiseite stellen. Die Speck-Pilz-Mischung mit dem Weißwein ablöschen, die Crème fraîche und die geschlagene Sahne unterziehen. Mit Zitronensaft, Muskat, Salz und Pfeffer abschmecken. Die Kräuter waschen, trockenschütteln und ebenfalls unterziehen. Dann die Mischung vom Herd nehmen und erkalten lassen.

■ Das Filet in Würfel schneiden und unter die Pfifferlinge mischen. Den Eichblattsalat waschen, abtropfen lassen, in mundgerechte Stücke zerteilen, in Cocktailschalen anrichten und die Pilz-Fleisch-Mischung darüber verteilen. Mit den Kernen bestreuen und servieren.

Nur feinste Zutaten werden hier verwendet. Statt Eichblattsalat passt auch gut ein zarter Kopfsalat, auf dem die restlichen Zutaten angerichtet werden. Oder Sie probieren es mit einer Mischung aus Eichblatt- und Kopfsalat.
Die „Mode", Salat mit Speckwürfeln anzumachen, soll Liselotte von der Pfalz aus ihrer deutschen Heimat an den Hof des Sonnenkönigs Ludwig XIV. gebracht haben. Der seinerzeit mächtigste Herrscher in Europa hat offenbar der Überlieferung zufolge schnell daran Gefallen gefunden. Auch wir freuen uns heute, wenn an gut sortierten Salatbuffets entweder kross geröstete Brot- oder eben Speckwürfel zur Auswahl stehen.

Mit Fisch und Fleisch

Zungensalat
Schotensalat

Zungensalat

- **400 g** gekochte, gepökelte Kalbszunge
- **200 g** gare grüne Erbsen
- **100 g** gare Selleriewürfel
- **4 EL** Crème fraîche
- **2 EL** saure Sahne
- **1 EL** Tomatenmark
- **2 EL** gehackte Petersilie
- frisch gemahlener schwarzer Pfeffer
- einige Spritzer Worcestersauce
- **2** hart gekochte Eier
- **4** Scheiben Roggenbrot
- **4** Tomaten

Schotensalat

- **400 g** ausgepalte frische Erbsen
- **2** kleine Zwiebeln
- Salz
- **200 g** gepökeltes Hühnerfleisch
- **2 EL** Weinessig
- frisch gemahlener weißer Pfeffer
- **3 EL** Sonnenblumenöl
- **1 TL** Zucker
- **4 EL** geröstete Semmelbrösel
- **4 EL** gehackte Kräuter (Dill, Petersilie, Kresse)

Zungensalat

Das Fleisch in kleine Würfel schneiden und mit Erbsen und Selleriewürfeln vermengen. Aus Crème fraîche, saurer Sahne, Tomatenmark, Petersilie, Pfeffer und Worcestersauce eine Marinade bereiten und darüber geben. Den Salat gut durchziehen lassen und zuletzt mit gehackten Eiern bestreuen.
Den Salat auf Roggenbrotscheiben anrichten und mit Tomatenvierteln garnieren.

Zur Vorratshaltung der Altmärker und Bördeländer Bauern gehörte gepökelte Zunge. Während die Altmärker dem Zungenragout den Vorrang gaben, liebten die Bördeländer die Zunge in Gemüse-Gesellschaft oder sie belegten kräftiges Bauernbrot mit Zunge und Bauernkäse und schoben es in den Backofen – Delikatessen, die man nie verschmähte, auch heute nicht.

Schotensalat

Die Erbsen mit den geschälten und fein geschnittenen Zwiebeln in wenig Salzwasser 3 Minuten sprudelnd kochen und abtropfen lassen. Das Hühnerfleisch in dünne Streifen schneiden.

Aus Essig, Salz, Pfeffer, 4 Esslöffeln abgekühlter Gemüsebrühe, Öl und Zucker eine Sauce bereiten. Das Gemüse und die Fleischstreifen zugeben und durchziehen lassen.

Alles in Schälchen füllen, Semmelbrösel darüber geben, mit Kräutern bestreuen.

Oft heißt dieses feine Gericht Tangermünder Schotensalat. Doch er ist genauso beliebt in der weiteren Umgebung der schönen Elbestadt. – Weniger schön ist, was zwei jungen Mädchen, Susanne und Isabe, vor 300 Jahren zum Verhängnis wurde: Beim Schotenpalen sprachen sie über ihre Liebsten und rühmten sich, zwei wilde Teufel namens Jochen und Andreas im wahrsten Sinne des Wortes behext zu haben. Das hörte ihre Stiefmutter und meldete es der Obrigkeit. Unter Folter bekannten sich Isabe und Susanne zur Hexerei und mussten am 13. August 1687 auf dem Scheiterhaufen für ihre „große Lust" büßen.

Mit Fisch und Fleisch

Schwedischer Salat

200 g	**gekochtes Rindfleisch**
200 g	**gekochte Kartoffeln**
200 g	**gekochte oder eingelegte Rote Bete**
1	**säuerlicher Apfel**
2	**Gewürzgurken**
1	**Bückling**
2	**Eier**

Für die Sauce:

2 EL	**Essig**
•	**Salz**
•	**frisch gemahlener weißer Pfeffer**
1 TL	**Senf**
1 Prise	**Zucker**
6 EL	**Öl**
1 EL	**Kapern**
•	**frische Kräuter wie Petersilie, Dill, Schnittlauch**
2	**Eier**

■ Rindfleisch, Kartoffeln am Tag oder wenige Stunden zuvor kochen. Abgekühlt in Würfel schneiden, Rote Bete (s. Rezept S. 42) ebenso. Den Apfel waschen, bei Bedarf schälen, wie die Gewürzgurken ebenfalls würfeln.

■ Den Bückling ausnehmen, die Gräten entfernen, den Fisch in kleine Stücke zerpflücken. Die Eier hart kochen, in Scheiben oder Spalten schneiden.

■ **Für die Sauce** Essig, Salz, Pfeffer, Senf, Zucker und Öl gut verrühren. Die Sauce über den Salat gießen. Kapern und gehackte Kräuter nach Geschmack darüber streuen. Mit einigen Zweiglein Dill sowie dem Ei garnieren.

■ Den Salat kühl stellen und etwa 1/2 bis 1 Stunde durchziehen lassen.

Rund die Hälfte Schwedens ist mit Wald bedeckt, die Holzindustrie ist ein bedeutender Wirtschaftszweig. Nur etwa 7 Prozent der Landfläche dienen der Landwirtschaft. Vor allem die ertragreichen Böden Südschwedens liefern wichtige Agrarprodukte. Hinzu kommen die umgebenden Meere und bedeutende Binnengewässer: alles reiche Fischgründe. Von all dem natürlichen Reichtum, den das Land zwischen den milden Regionen um Malmö und den langen Wintern um Kiruna hervorbringt, findet sich etwas in diesem Salat.

Szegediner Fischsalat
Salamisalat

Szegediner Fischsalat
(Foto)

- 800 g **Karpfenfilets**
- 200 g **Suppengemüse** (Karotte, Sellerie, Petersilie, Lauch)
- **Pfefferkörner**
- 1 TL **Zitronensaft**

- 200 g **grüne Paprikaschoten**
- 200 g **Tomaten**
- 1 **Zwiebel**
- 40 g **Paprikapulver edelsüß**
- **Öl**
- **Essig**
- **Salz**
- **frisch gemahlener Pfeffer**

nach Geschmack
- 2 **Eier**
- **Blattpetersilie**

Salamisalat

- 300 g **Salami**
- 100 g **Pilze, frisch oder Dosenware**
- 200 g **Tomaten**
- 2 **grüne Paprikaschoten**
- 1 Bund **Frühlingszwiebeln**
- **Salz**
- 4 EL **Mayonnaise**
- 1 TL **Paprikapulver edelsüß**
- 2 EL **saure Sahne**
- 8 **Wachteleier oder 2–3 Hühnereier**
- **Petersilie**

Szegediner Fischsalat

Die Karpfenfilets in Wasser mit Suppengemüse, Pfefferkörnern und Zitronensaft bei schwacher Hitze in 30 Minuten gar ziehen lassen. Aus der Brühe nehmen, abtropfen und auskühlen lassen.

Gemüsepaprika teilen, entkernen, waschen und würfeln. Tomaten waschen, Stielansatz entfernen, Früchte vierteln. Zwiebel abziehen, in Ringe schneiden und mit Paprika und Tomaten mischen. Mit Gewürzpaprika, Öl, Essig, Salz und Pfeffer abschmecken.

Die Fischfilets in Streifen schneiden, vorsichtig unter die Salatmischung heben und 2 Stunden im Kühlen ziehen lassen.

Eier hart kochen, in Scheiben oder Spalten schneiden. Petersilie waschen, trockenschütteln und zerteilen. Den fertigen Salat mit Ei und Petersilie garnieren.

Beide Rezepte hier sind ungarischer Herkunft. Fisch ist in Ungarn seit jeher beliebt, dank der großen Flüsse wie Donau und Theiß sowie des Plattensees gleich Balaton.

Salamisalat

Die Salami in dünne Streifen schneiden. Pilze putzen, eventuell kurz waschen und in Scheiben schneiden. Tomaten waschen, Stielansatz entfernen, Paprika teilen, entkernen, waschen, Frühlingszwiebeln putzen, waschen. Die drei Zutaten in Scheiben bzw. Streifen schneiden, vermischen und je nach Geschmack etwas salzen.

Mayonnaise, Gewürzpaprika und saure Sahne gut verrühren und unter die Wurst-Pilz-Gemüse-Mischung ziehen. Etwa 1 Stunde im Kühlschrank kühlen.

Währenddessen – nach Geschmack und Herkunft – Wachtel- oder Hühnereier halb oder ganz hart kochen, abkühlen lassen, in Scheiben schneiden. Petersilie waschen, trockenschütteln und über den Salat streuen. Mit Eischeiben garnieren.

Salamis werden in Ungarn sehr pikant gewürzt, erfunden wurde die Wurst indes nicht in Ungarn, sondern höchstwahrscheinlich in Italien.

Mit Fisch und Fleisch

Heringssalat

Zutaten für etwa 6 Personen

- 4 Salzheringe, möglichst mit Heringsmilch
- 500 g Kartoffeln
- 2 Äpfel
- 3 Gewürzgurken
- 150 g Rote Bete (aus dem Glas)
- 250 g gekochtes Rind- oder Kalbfleisch
- 1 große Zwiebel
- 2 Zweige Petersilie
- ½ Bund Schnittlauch

Für die Sauce:

- Heringsmilch
- 100 g saure Sahne
- 50 ml süße Sahne
- 2 EL Essig
- 4 EL Öl
- Salz
- frisch gemahlener Pfeffer
- 1 EL Kapern

Für die Garnitur:

- 2 Eier

Tipp:
Heringsmilch ist die Bezeichnung für das als Würze geeignete Sperma der männlichen Heringe, die vor dem Ablaichen gefangen werden.

■ Die Heringe über Nacht wässern. Die Kartoffeln waschen und in der Schale in 30 bis 35 Minuten kochen.

■ Am nächsten Tag die Heringe abtropfen lassen, häuten, filetieren und das Fischfleisch würfeln. Die Kartoffeln pellen und die Äpfel schälen, das Kerngehäuse entfernen und wie die Gewürzgurken, Roten Bete und Fleisch würfeln. Die Zwiebel abziehen und fein hacken. Alle Zutaten in eine Schüssel geben und vorsichtig vermischen. Petersilie und Schnittlauch waschen, trockentupfen, die Blättchen der Petersilie von den Stielen zupfen und hacken, etwas für die Garnitur zurückbehalten. Den Schnittlauch in Röllchen schneiden.

■ **Für die Sauce** die Heringsmilch durch ein Sieb streichen und mit saurer und süßer Sahne, Essig und Öl verrühren. Mit Salz und Pfeffer würzen. Die Kapern, einen Teil der Petersilie und Schnittlauch unterrühren. Zu den anderen Salatzutaten geben. Gekühlt etwa ½ Tag durchziehen lassen.

■ **Für die Garnitur** die Eier in 10 Minuten hart kochen, abschrecken und pellen. Den Heringsalat in eine Glasschüssel füllen und mit Eischeiben und Petersilie garniert servieren.

Variante:
Die Oldenburger lassen die Roten Bete weg und stellen die Sauce mit Mayonnaise, Essig, Senf, Pfeffer, Zucker, Kapern und Preiselbeeren her.

Dieser Salat ist ein in Niedersachsen zu jeder Zeit beliebtes Gericht, das gern am Silvesterabend gereicht wird. Dazu benötigt man sieben Hauptzutaten, um die größtmögliche Wirkung zu erzielen … Das hat zu tun mit der magischen Zahl Sieben, der man in früheren Zeiten ungeheure Kräfte beimaß. Danach konnte man gelassen das neue Jahr erwarten. Zu jeder anderen Jahreszeit schmeckt Heringsalat jedoch genauso gut.

Kartoffelsalat nach Art der Champagne

- 400 g mittelgroße Kartoffeln
- Salz
- 250 g Löwenzahn, Frisée oder Schnittsalat
- frisch gemahlener Pfeffer
- 150 g Magerspeck
- 50 g Schweineschmalz
- 3 EL Weinessig
- 2 EL Marc de Champagne

Tipp:
In der Champagne wird für dieses Gericht ein irdener Topf verwendet, der früher in der heißen Asche einer Feuerstelle erwärmt wurde. Bei uns kann man die Salatschüssel mit heißem Wasser vorwärmen.

Die Kartoffeln in der Schale in leicht gesalzenem Wasser kochen. Den Löwenzahn oder anderen Blattsalat putzen, waschen und sehr gut schleudern. Er sollte praktisch trocken sein. Eine, wenn möglich, irdene Schüssel vorwärmen. Die Kartoffeln noch warm schälen, in feine Scheiben schneiden und in die vorgewärmte Schüssel geben. Den Salat dazugeben. Wenig Salz und viel Pfeffer darüber streuen. Mit einem passenden Teller oder Deckel zudecken und etwa 20 Minuten an einen warmen Ort oder in den auf 60 °C aufgeheizten Backofen stellen.

Inzwischen den Speck von der Schwarte befreien und in dünne, längliche Streifen schneiden. Etwas Wasser zum Kochen bringen, die Speckstreifen hineingeben, nochmals aufkochen lassen und abgießen. Die Speckstreifen im Schweineschmalz anziehen lassen. Sie dürfen leicht Farbe annehmen, sollen aber nicht trocken werden. Den Speck samt dem Schmalz auf den Salat geben.

Den Bratenfond des Specks mit dem Essig ablöschen, aufkochen und den Marc zufügen, dann über den Salat gießen und das Ganze etwa 5 Minuten sehr gut vermengen. Sofort servieren. Dazu passt ein stiller trockener Wein oder ein Rosé-Champagner.

Dieses Winzergericht mit dem Originalnamen *Salade champenoise au lard* wird in der Champagne als Hauptgericht serviert.
Champagner wird man in den echten regionalen Spezialitäten der Champagne vergeblich suchen. Die Küche dieser Gegend ist sehr rustikal, man verwendet bestenfalls etwas Marc. Der Champagner wird hingegen dazu getrunken. Er steht meistens im Gegensatz zu den typischen Gerichten, schmeckt aber köstlich dazu.
Natürlich gibt es auch Ausnahmen, vor allem in den guten Restaurants. Dort werden Saucen zu Fisch, zum Beispiel Hecht, Barsch oder eine „matelote", ebenfalls ein Fischgericht, mit Champagner zubereitet. Dann hat natürlich auch die Champagne ihren „coq au vin", der sowohl mit Rotwein aus der Gegend als auch mit Champagner zubereitet wird.

Mit Fisch und Fleisch

Partysalat
Avocado-Reis-Salat

Partysalat
(links)
- 160 g Langkorn-Naturreis
- Salz
- 1 kleine Dose Palmenherzen (220 g)
- 200 g gekochte Rindfleischreste oder gekochter Schinken
- 1 mürber Apfel (Boskop)
- ½–1 Bund glatte Petersilie

Für die Sauce:
- 1 ½ EL Salbeiessig
- Salz
- frisch gemahlener schwarzer Pfeffer
- 4–5 EL Öl

Avocado-Reis-Salat
- 200 g Langkornreis
- Salz
- 150 g Mortadella
- 2 reife Avocados
- 2 EL Zitronensaft

Für die Sauce:
- 1 ½ EL Rotweinessig
- Salz
- frisch gemahlener schwarzer Pfeffer
- 4–5 EL Olivenöl
- 1 Schalotte
- 1 EL Kapern
- 1 Bund Schnittlauch

Partysalat

½ Liter Wasser zum Kochen bringen, den Reis mit etwas Salz zufügen, einmal umrühren und bei kleiner Hitze abgedeckt, je nach Sorte, 30 bis 45 Minuten ausquellen lassen.

Die Palmenherzen in 1 cm dicke Scheiben schneiden, das Rindfleisch oder den Schinken und den gewaschenen Apfel würfeln. Die Petersilie hacken. Alle Zutaten mit dem erkalteten Reis vermischen.

Für die Sauce: Alle dafür angegebenen Zutaten zu einer Sauce verrühren und über den Salat gießen. Gut gekühlt etwa 2 Stunden durchziehen lassen.

In fröhlicher Gesellschaft vergeht die Zeit wie im Fluge. Und haben plötzlich die Gäste wieder Hunger, ist eine kleine Stärkung willkommen. Für diesen leckeren Reissalat wird Ihnen sicher anerkennender Dank gezollt und die Runde gut gelaunt fortgesetzt.

Avocado-Reis-Salat

Gut ½ Liter Wasser zum Kochen bringen. Den Reis und etwas Salz hineingeben, einmal durchheben und zugedeckt bei geringer Temperatur in etwa 18 Minuten bissfest ausquellen lassen.

Die Mortadella in Würfel schneiden. Die Avocados schälen, den Kern herauslösen, das Fruchtfleisch würfeln und mit Zitronensaft beträufeln.

Für die Sauce Essig mit Salz und Pfeffer verrühren und tropfenweise das Öl zufügen. Die Schalotte abziehen, hacken und wie die Kapern dazugeben.

Alle Zutaten des Reissalates miteinander vermischen, die Sauce darüber gießen, vorsichtig durchmischen und mit Schnittlauchröllchen bestreuen. Den Salat gut gekühlt einige Stunden durchziehen lassen.

Avocados wurden von den Bewohnern Mexikos schon vor der Zeit der Mayas wegen ihres Geschmacks und ihrer Nahrhaftigkeit geschätzt. Trotz zunehmender Plantagenwirtschaft kann man noch heute in Mexiko in vielen Gärten einzelne Avocado-Bäume sehen.

Mit Fisch und Fleisch

Chicoréesalat mit Krabben und Ei

4	**Eier**
2	**große Stauden Chicorée**

Für die Marinade:

4 EL	**Weinessig**
6 EL	**Öl**
2 TL	**Senf**
1 TL	**Salz**
1 Msp.	**frisch gemahlener weißer Pfeffer**
12	**Oliven, mit Paprika gefüllt**
16	**schwarze Oliven**
1 Bund	**Dill**

nach Belieben
200 g **gekochtes Krabbenfleisch**

Tipp:
Dunkle Lagerung, am besten im Gemüsefach des Kühlschranks, erhält die Frische des Chicorée und hält die Bitterstoffe in Grenzen.

Zunächst 4 Eier in 7 bis 8 Minuten hart kochen und aus dem Wasser nehmen.

Von den Chicoréestauden einige schöne, große Blätter abtrennen, abspülen und trockentupfen.

Vom restlichen Chicorée den Strunk entfernen, die Blätter – wenn Sie es milder mögen (lau)warm – waschen, abtropfen lassen und in dünne Streifen schneiden.

Für die Marinade Essig und Öl verrühren und mit Senf, Salz und Pfeffer abschmecken.
Die Eier schälen, halbieren, das Eigelb zerdrücken und in der Marinade verrühren. Das Eiweiß klein hacken und ebenfalls zur Marinade geben.

Nun die Oliven und den geschnittenen Chicorée zur Marinade geben. Den Dill waschen, trockenschütteln, einige Zweige beiseite tun, den Rest hacken. – Wer mag, fügt zur Marinade noch das Krabbenfleisch zu. Den Salat vermengen.

Die großen Chicoréeblätter auf Tellern anrichten, den Salat darauf anrichten und mit Dillzweigen garnieren.

Chicoréegemüse verdanken wir dem Zufall: Monsieur Brézier oder Bresier, der Chefgärtner des Brüsseler botanischen Gartens, hatte 1845 die Entdeckung gemacht, dass Zichorienwurzeln in einem dunklen Keller nochmals treiben. Neu- und wissbegierig, wie es sein Beruf erforderte, versuchte er die Triebe. Sie schmeckten ihm ausgesprochen gut.
Bis zur Marktreife der neuen delikaten Gemüsesorte waren danach zwei Jahrzehnte Experimente nötig. Heute noch gilt Belgien als das wichtigste Erzeugerland für die angenehm bitterliche Gemüseart, die als Salat und Gemüse vielfältig verwendet wird: zum Beispiel auf Ardenner Art mit Schinken- und Speckwürfeln in etwas Butter und Wasser gedünstet oder gefüllt mit Sardellenfilets, Roquefortwürfeln, Oliven, Mandarinenspalten, Cocktailkirschen u. a. m. Chicorée kann in Schinken gewickelt oder mit Reibekäse überbacken werden, er verträgt sich mit indischen Gewürzen, bildet – wie sein enger Verwandter Radicchio (s. S. 38) – einen schönen Kontrast zu Fruchtig-Süßem. Und vielleicht erfinden Sie ja selbst noch ein Rezept?!

Ungewöhnliches

Semmelknödelsalat

Zutaten für 4–6 Personen

- 6 **Semmelknödel vom Mittag oder 6 alte Semmeln**
- 200 ml **Milch**
- 1 **Zwiebel**
- 1 EL **Öl**
- 1 Bund **Petersilie**
- 1 **Zweig Liebstöckel**
- 6 **Eier**
- **Salz**
- **frisch gemahlener Pfeffer**

Für die Marinade:

- 1 rote **Zwiebel**
- 4 EL **Obstessig**
- 8 EL **Pflanzenöl**
- **Zucker**
- **Salz**
- **Pfeffer**

Tipp:

Das oder der Liebstöckel – oder Maggikraut – würzt kräftig, sollte sparsam verwendet werden. Da es/er auch die Würzkraft von Salz ersetzt oder ergänzt, kann dies ebenso sparsam dosiert werden.

■ Bereits vorhandene Semmelknödel in Scheiben schneiden, danach die Marinade zubereiten.

■ Oder die Semmeln in dünne Scheiben schneiden. Die Milch leicht erwärmen, über die Semmelscheiben gießen und diese einweichen lassen.

■ Petersilie und Liebstöckel waschen, trockenschwenken und fein hacken. Die Zwiebel abziehen, in Würfel schneiden und in Öl andünsten. Alles mit den verquirlten Eiern zu der Semmelmasse geben. Mit Salz und Pfeffer abschmecken. Aus der Masse 6 gleichmäßige runde Knödel formen und in nur leicht siedendem Salzwasser etwa 25 bis 30 Minuten ziehen lassen.

■ Abgießen und abkühlen lassen. Die frischen Semmelknödel in Scheiben schneiden und in einer Schüssel anrichten.

■ **Für die Marinade** die Zwiebel abziehen, würfeln und mit den restlichen genannten Zutaten vermischen. Die Semmelknödel damit übergießen und etwa 1 Stunde ziehen lassen.

Eine alte bayerische Küchenweisheit lautet (angeblich): „Wer einen Knödel schneidet, ist ihn nicht wert." Weil aber Knödel, damit sie richtig gut werden, meist in großer Zahl hergestellt werden, bleiben auch oft welche übrig. Und außer sie in der Pfanne zu braten – ein beliebtes, gutes Reste-Essen, können sie als Salat jedes Buffet aufwerten.

Obgleich viele mit Knödeln, speziell Semmelknödeln – oder wie Karl Valentin stets seinen Plural bildete: „Semmelnknödeln" – schon den Inbegriff bayerischer Küche zu kennen glauben, lohnt ein Blick über die Grenzen. Überall auf der Welt gibt es Knödel, in kleinerer oder größerer Ausführung, mit den unterschiedlichsten, manchmal lautmalerischen Namen: auf Englisch *ball*, auf Französisch *quenelles*, auf Tschechisch *knedlicky*, auf Schwedisch *boller*, auf Italienisch *ghenedeli*, davon abgeleitet *gnocchi*, und in Deutschland je nach Dialekt Kniala, Kließla, Gliesel, Knetl, Knudel, oder auch Knöpf, Knötelein, Klums, Klüte, Keulchen und so fort.

Reissalat mit Minze

Für den Reis:
- 200 g Langkorn-Naturreis
- Salz
- 350 g Sojabohnensprossen
- 1 rote Paprikaschote
- 1 Avocado
- ½ Zitrone

Für die Salatsauce:
- 1 ½ EL Weißweinessig
- Salz
- frisch gemahlener schwarzer Pfeffer
- 3 EL Olivenöl

Für die Minzsauce:
- 60 g Walnüsse
- 2–3 Knoblauchzehen
- 1 ½ Bund Minze
- 3 EL Olivenöl
- 2 EL Paniermehl
- 200 g Naturjoghurt
- Salz
- frisch gemahlener schwarzer Pfeffer

Tipp:
Zerdrückte frische Minzblätter in Milch gegeben lassen diese nicht vorschnell sauer werden.

Für den Reis etwa 600 ml Wasser zum Kochen bringen. Den Reis mit etwas Salz hineingeben, einmal durchheben und abgedeckt etwa 30 bis 45 Minuten, je nach Sorte, bei geringer Temperatur ausquellen lassen. Anschließend abkühlen lassen. Die Sojabohnensprossen in wenig Wasser oder besser noch über Dampf 5 Minuten garen, sie sollten noch knackig sein.

Die Paprikaschote teilen, entkernen, waschen, das Fruchtfleisch fein würfeln. Die Avocado halbieren, den Kern herauslösen, Avocado schälen und klein schneiden. Mit Zitronensaft beträufeln. Alles in einer Schüssel mischen.

Für die Salatsauce: Alle dafür angegebenen Zutaten zu einer Sauce verrühren und über den Reissalat gießen.

Für die Minzsauce: Die Walnüsse schälen und hacken. Den Knoblauch abziehen. Die Minzblättchen von den Stielen zupfen – einige für die Garnitur zurückbehalten – und mit Olivenöl, den gehackten Walnüssen, Paniermehl und dem Knoblauch in einem Mixer pürieren. Joghurt unterziehen und mit Salz und Pfeffer abschmecken. Die Sauce sollte von dickflüssiger Beschaffenheit sein. Mit den restlichen Minzblättchen garnieren und zum Salat servieren.

Die Minze wurde zu Unrecht lange Zeit in der mitteleuropäischen Küche vernachlässigt. Man nutzte allenfalls die Heilwirkung ihrer ätherischen Öle, um einen verstimmten Magen wieder „umzustimmen". In den Mittelmeerländern hingegen gehört Minze schon seit dem Altertum zu den beliebten Küchenkräutern. Das Würzen mit Minze erfordert allerdings ein gewisses Feingefühl. Denn den Namen entspricht ihr Aroma: Apfelminze, Basilikumminze, Grüne Minze, Orangenminze oder die bestens bekannte Pfefferminze – um nur einige von vielen Arten zu nennen.

Ungewöhnliches

Brennnesselsalat
Hochzeitssalat

Brennnesselsalat

200 g	Backobst (Aprikosen, Äpfel, Birnen, Pflaumen)
¼ Ltr	trockener Weißwein
500 g	frische, zarte Brennnesseln
1	Knoblauchzehe
1 EL	Weinessig
•	frisch gemahlener weißer Pfeffer
•	Salz
1 TL	Zucker
4 EL	Olivenöl

Hochzeitssalat

200 g	rote Linsen
¼ Ltr	Gemüsebrühe
250 g	junge grüne Bohnen
50 g	Knollensellerie
200 g	gare Champignons
3 EL	Essig
1 TL	Sirup
4 EL	Sonnenblumenöl
•	Salz
•	frisch gemahlener schwarzer Pfeffer
4 EL	frisch gehackte Kräuter (Schnittlauch, Petersilie, Dill)

Brennnesselsalat

Das Backobst waschen, abtropfen lassen und in eine Schüssel legen. Den Weißwein darüber gießen und das Obst darin über Nacht einweichen.

Die Früchte herausnehmen, abtropfen lassen und in Streifen schneiden. Die Flüssigkeit bereithalten. Die Brennnesseln waschen und trockentupfen. Den Knoblauch abziehen und die Salatschüssel damit ausreiben. Den Essig mit Pfeffer, Salz und Zucker vermengen, Öl und den bereitgestellten Weißwein unterrühren. Brennnesseln und Backobst in der Schüssel anrichten, die Marinade darüber gießen und vorsichtig untermengen.

Sein süß-saurer Hauch verleiht diesem Anhaltiner Gericht eine gewisse Pikanterie. In der Börde gibt man Backobst gern an „Suer-seute": Zum Eierkuchenteig werden getrocknete, klein geschnittene Pflaumen gemengt und alles wird knusprig in Öl ausgebacken. Die Kinder trinken dazu Fliedermilch. Dafür taucht man Holunderblüten kurze Zeit in süße Milch.

Hochzeitssalat

Die Linsen in der Gemüsebrühe zum Kochen bringen und 15 Minuten garen. Danach abgießen. Die gewaschenen Bohnen in kleine Stücke schneiden und 5 Minuten blanchieren. Den Sellerie schälen und fein reiben. Die Champignons in feine Scheiben schneiden. Aus Essig, Sirup, Öl, Salz und Pfeffer eine Marinade bereiten.

Linsen, Sellerie, Champignons, Bohnen und Kräuter in eine Schüssel geben, die Marinade darüber gießen und alles gut vermischen. Sofort servieren.

Bei keinem Hochzeitsessen durften quellende Gerichte fehlen. Denn das bedeutete Reichtum. Dabei war es gleich, ob Linsen, Erbsen, Bohnen, Reis oder Hirse auf den Tisch kamen. Besonders „Schlaue" sorgten vorsichtshalber für alle Sorten. Der Schmaus fand zu Hause oder im Gasthaus statt – nach strenger Ordnung: In einem Raum saßen die nächsten Verwandten mit dem Brautpaar, in einem anderen die älteren Gäste. Die jungen Leute aber feierten auf dem geschmückten Heuboden, denn dort durfte getanzt werden.

Ungewöhnliches

Kartoffelsalat mit Jogurtbällchen

450 g	stichfester Jogurt
1,25 kg	neue fest kochende Kartoffeln oder Frühkartoffeln
•	Jodsalz
1 Bund	Frühlingszwiebeln
6 EL	Zitronensaft
2 EL	Orangensaft
8 EL	Leinöl, Weizenkeim- oder Sonnenblumenöl
1	frisches Eigelb
•	frisch gemahlener Pfeffer
½ Tasse	Leinsamensprossen
½ Tasse	gemischte gehackte Kräuter
1 Bund	Radieschen

Variation:

Die Jogurtbällchen schmecken kräftiger, wenn Sie dafür Schafsmilch- oder Ziegenmilchjogurt verwenden, den Sie z. B. in griechischen Lebensmittelgeschäften erhalten.

■ Ein großes Sieb mit einem Küchentuch ausschlagen und den Jogurt hineingleiten lassen. Am besten über Nacht im Kühlschrank abtropfen lassen.

■ Die Kartoffeln gründlich abbürsten und in wenig Salzwasser in 20 bis 25 Minuten garen.

■ Die Kartoffeln abschütten und pellen, Frühkartoffeln können mit der Schale verzehrt werden. Die Kartoffeln in dünne Scheiben schneiden. Die Frühlingszwiebeln putzen, klein schneiden und mit den Kartoffeln locker vermengen.

■ Den Zitronensaft mit dem Orangensaft, dem Lein- oder anderen Öl und dem Eigelb cremig rühren. Anschließend mit Salz und Pfeffer würzen. Das Dressing mit den lauwarmen Kartoffelscheiben mischen.

■ Die Leinsamensprossen kalt abspülen und über den Salat streuen. Den Salat etwa 30 Minuten bei Zimmertemperatur ziehen lassen, dann noch einmal mischen, mit Salz und Pfeffer abschmecken und auf einer Platte anrichten.

■ Von der abgetropften Jogurtmasse mit einem Esslöffel kleine Bällchen abstechen, um den Kartoffelsalat legen und mit Salz, Pfeffer und den Kräutern bestreuen.

■ Das Radieschengrün bis auf ein kleines zartes Blättchen entfernen, ebenso die Wurzeln. Die Radieschen waschen und zwischen die Jogurtbällchen legen.

Diese Variante von einem echten Klassiker, dem Kartoffelsalat, zeichnet sich durch Reichtum an den Vitaminen K, C, B6, Folsäure und dem Mineralstoff Kalium aus.
Für Salate und die warme Küche eignen sich am besten hochwertige Pflanzenöle mit ungesättigten Fettsäuren. Pflanzliche Öle enthalten Vitamin E, das vor Oxidation schützt. Den höchsten Gehalt weist das kostbare Weizenkeimöl auf, gefolgt von Sonnenblumenöl, Walnussöl, Sojaöl, Distelöl, Olivenöl, (Mais-)Keimöl und Rapsöl.

Ungewöhnliches

Schweinsbackerlsalat

Zutaten für 4–6 Personen
- **10** gepökelte Schweinebacken (beim Metzger vorbestellen)

Für die Marinade:
- **1** Zwiebel
- **1 Bund** Petersilie
- **4 EL** Obstessig
- **6 EL** Sonnenblumenöl
- **1 Prise** Zucker
- **½ TL** gemahlener Koriander
- Salz
- frisch gemahlener Pfeffer

Schweinebacken in einen Topf geben und mit ungesalzenem Wasser – durch das Pökeln ist genügend Salz enthalten – aufgießen. Zum Kochen bringen und etwa 40 Minuten leicht köcheln lassen.

Die Zwiebel abziehen, fein würfeln und nach Belieben im Sieb unter fließendem Wasser kurz abspülen. Petersilie waschen, trockenschütteln und fein hacken.

Aus Essig, Öl, Zucker, Koriander, Salz und Pfeffer eine Marinade rühren und mit den Zwiebelwürfeln und der Petersilie mischen.

Die garen Schweinebacken herausnehmen, in dünne Scheiben schneiden, lauwarm in die Marinade geben und etwa 1 Stunde ziehen lassen.

Das sehr feine, zarte, gut durchwachsene Muskelfleisch vom Schweinskopf gibt es nur selten in den Metzgereien; man muss es meistens vorbestellen. Doch die Mühe lohnt sich, denn Schweinsbackerl sind das Feinste, was das Schwein bieten kann.

Normalerweise wird Schweinebacke mit dem anderen Kopffleisch in der bekannten Schweinskopfsülze verarbeitet. Auch die ist, wenn sie gut gemacht ist, eine begehrte Delikatesse. Man kann sie ein Weile aufbewahren, also auch auf Vorrat kaufen, sobald sie Ihr Metzger des Vertrauens einmal herstellt. Und wenn Sie auf gutem Fuß mit ihm stehen, legt er sicher einmal auf Wunsch feine Schweinebacken beiseite, damit sie wie hier veredelt werden können.

Ein Anmerkung noch zu den Gewürzen: Korianderkraut sieht zwar der Petersilie, genauer der Blattpetersilie sehr ähnlich, schmeckt aber ganz anders. Und gemahlener Koriander entstammt den Samen derselben Pflanze, ein typisches Brot- und Lebkuchengewürz, das sich auch für Gemüsegerichte südlicher und östlicher Herkunft wie Ratatouille oder Curry eignet.

Ungewöhnliches

Weizenschrotsalat

200 g	feiner Weizenschrot (Bulgur)
2–3	Frühlingszwiebeln
2–3 Bund	glatte Petersilie
1 Bund	Minze
3	Tomaten
2	Zitronen
75 ml	Olivenöl
▪	Salz
▪	frisch gemahlener schwarzer Pfeffer
▪	einige kleine Salatblätter
10–12	schwarze Oliven

■ Weizenschrot mit 1/2 Liter Wasser übergießen und 15 Minuten stehen lassen. Inzwischen die Frühlingszwiebeln, Kräuter und Tomaten waschen. 2 Tomaten überbrühen, häuten und hacken, die übrige Tomate in Achtel schneiden. Die Frühlingszwiebeln in sehr dünne Ringe schneiden. Die Blättchen der Kräuter abzupfen und hacken. Einige Minzblättchen für die Garnitur zurückbehalten.

■ Die Zitronen auspressen. Weizenschrot in ein Sieb geben, damit die Flüssigkeit ablaufen kann, und gut ausdrücken.

■ Schrot und Zwiebeln verkneten. Gehackte Tomaten, Kräuter, Zitronensaft und Olivenöl hinzugeben und vermischen. Mit Salz und Pfeffer abschmecken.

■ Auf eine mit Salatblättern ausgelegte Platte geben oder in Schüsselchen füllen. Mit Minzblättchen, Tomatenachteln und schwarzen Oliven garnieren.

Im Vorderen Orient zählt dieser Salat, der „Tabbouleh", zu den beliebtesten Vorspeisen. Aber er wird auch als gesunde, schmackhafte Beilage zu vielen verschiedenen Gerichten gereicht. Die Mischung aus Weizenschrot – dort als Bulgur oder auch Burghul bezeichnet – und Kräutern verleiht ihm eine besondere Note und auch etwas Fremdartiges, zumindest in Deutschland. Burghul ist in einschlägigen Spezialgeschäften erhältlich.

Ungewöhnliches

Austernpilz-Salat
Champignonsalat

Austernpilz-Salat
(Foto)
- 600 g frische Austernpilze
- 125 ml Fleisch- oder Gemüsebrühe

Für die Salatsauce:
- 2 kleine Zwiebeln
- 4 EL Öl, 3 EL Essig
- 125 ml Weißwein
- 1 TL Sojasauce
- Saft von 1 Zitrone
- ½ TL frisch gemahlener weißer Pfeffer
- 1 TL Zucker
- 2 Knoblauchzehen
- ½ TL Salz

Zum Garnieren:
- 1 Bund Petersilie

Champignonsalat
- 500 g frische Champignons
- 2 Frühlingszwiebeln
- 2 Bund frische Radieschen
- 125 g Sojakeimlinge

Für die Salatsauce:
- 1 Knoblauchzehe
- Salz
- 4 EL Zitronensaft
- 4 EL Öl
- Zucker
- frisch gemahlener Pfeffer

Zum Garnieren:
- Brunnenkresse

Austernpilz-Salat

Die Austernpilze putzen, in Salzwasser waschen, auf ein Sieb legen und abtropfen lassen. Anschließend in Scheiben schneiden, in einen Topf schichten und mit Fleisch- oder Gemüsebrühe so angießen, dass sie gerade bedeckt sind. Bei kleiner Hitze etwa 5 Minuten köcheln lassen. Auskühlen und im Kühlschrank kalt werden lassen.

Für die Salatsauce die Zwiebeln abziehen, fein hacken und im heißen Öl glasig dünsten. Von der Kochstelle nehmen, mit Essig, Weißwein, Sojasauce und Zitronensaft übergießen, mit Pfeffer und Zucker abschmecken.

Den Knoblauch abziehen, sehr fein hacken und mit dem Salz völlig zerreiben. Dann zur Salatsauce geben, alles gut durchrühren und die Sauce über die Austernpilze geben. Mindestens 30 Minuten ziehen lassen, dann anrichten.

Petersilie waschen, trockenschütteln, fein hacken und über den Salat streuen. Französisches Stangenweißbrot oder auch italienisches Ciabatta passt gut zu dieser Delikatesse.

Champignonsalat

Die Champigons putzen, bei Bedarf kurz waschen. Frühlingszwiebeln und Radieschen ebenso putzen und waschen. Alle drei Zutaten in dünne Scheiben schneiden. Mit den verlesenen Sojakeimlingen in eine Salatschüssel geben und vorsichtig mischen.

Für die Salatsauce den Knoblauch abziehen, sehr fein schneiden oder zerdrücken, gut mit Salz mischen. Zitronensaft und Öl in einer Schüssel so lange mit dem Schneebesen rühren, bis eine dickliche Flüssigkeit entstanden ist. Salzigen Knoblauch zugeben, mit Zucker und Pfeffer abschmecken.

Die Sauce über die klein geschnittenen Zutaten geben, den Salat etwas durchziehen lassen und mit Kresse garniert servieren.

Wer keine frische Brunnenkresse selbst bekommt – sie wächst an sauberen Bächen und in Wassergräben –, kauft sie einfach oder greift auf die noch pikantere Gartenkresse zurück. Beiden gemein ist ein hoher Gehalt an Kalium, Calcium, Eisen, Vitamin A und C, um nur die wichtigsten Inhaltsstoffe zu nennen.

Matjessalat
Rucola-Rettich-Salat

Matjessalat

6	Kartoffeln
1 Stück	Ingwer von 1,5–2 cm
1	rote Zwiebel
1	Orange
1–1 ½ EL	Estragon-Essig
•	Salz
•	frisch gemahlener schwarzer Pfeffer
1 TL	Senf
2–3 EL	Öl
400 g	Matjesfilet

Rucola-Rettich-Salat

1 ½ EL	Rotweinessig
•	Salz
•	frisch gemahlener schwarzer Pfeffer
4 EL	Distelöl
2	Eier
2	Scheiben Weißbrot
1 EL	Öl
1 EL	Butter
1 Bund	Rucola
2 rote	Rettiche
1 EL	eingelegte Kapern
8	Scheiben roher Schinken oder
12	Scheiben Bresaola (hauchdünn geschnittenes, luftgetrocknetes Rindfleisch)

Matjessalat

Die Kartoffeln waschen und in der Schale je nach Größe etwa 25 bis 35 Minuten kochen. Erkalten lassen, pellen und in Scheiben schneiden.

Den Ingwer putzen, schälen und fein hacken. Die Zwiebel abziehen, durchschneiden und in Halbringe schneiden. Den Saft der Orange auspressen. Essig mit Salz, Pfeffer und Senf verrühren. Öl, Orangensaft und Ingwer hinzufügen und daraus eine Salatsauce bereiten.

Die Matjesfilets in große Stücke schneiden und in eine Schüssel geben. Die Kartoffeln hinzufügen und mit der Salatsauce übergießen. Die Zwiebel dazugeben. Einige Stunden durchziehen lassen. Mit Schwarzbrot und einem gut gekühlten hellen Bier servieren.

Die Wurzelknollen der Ingwerpflanze, einer in den Tropen gedeihenden schilfartigen Staude, enthalten ätherische Öle. Für die Asiaten war Ingwer schon immer ein Universalgewürz. Marco Polo war von dessen eigentümlichem, würzigem bis scharfem Geschmack so angetan, dass er kandierten Ingwer von seiner China-Reise mit in die Heimat brachte.

Rucola-Rettich-Salat

Rotweinessig mit Salz und Pfeffer verrühren. Das Distelöl unter Rühren hinzufügen.

Die Eier in 8 bis 10 Minuten hart kochen, abschrecken und in Scheiben schneiden. Das Brot in Würfel schneiden. Das Öl in einer Pfanne erhitzen und die Butter hinzufügen. Die Brotwürfel knusprig braten und salzen.

Rucola waschen, putzen und die Blätter in mundgerechte Stücke zupfen. Die Rettiche waschen, schälen und raspeln.

Den Salat auf Tellern anrichten und mit der Sauce übergießen. Croûtons darüber streuen, mit Eischeiben und Kapern garnieren und mit Schinken oder Bresaola servieren.

Bresaola ist nah verwandt mit dem Bündner Fleisch, das die Bergbauern Graubündens schon seit Jahrhunderten aus den zarten und fettreichen Muskelstücken der Rinderkeule herstellen. Vor dem Trocknen wird es gepresst und erhält dadurch seine typische kantige Form.

Heißer Salat

250 g	Kirschen
400 g	Aprikosen
2 EL	Zucker
3 EL	Zitronensaft
2 EL	geriebene Vollmilchschokolade
1 EL	Butter

Schlagsahne nach Belieben

■ Die Kirschen halbieren und entsteinen. Die Aprikosen ebenfalls entsteinen und in kleine Würfel schneiden. Den Zucker im Zitronensaft auflösen und zusammen mit der geriebenen Schokolade über die Früchte geben. Alles gut vermischen. Den Backofen auf 180 °C vorheizen. Alufolie mit Butter bestreichen und die Fruchtmasse darauf geben. Die Folie fest zusammendrücken. Im vorgeheizten Backofen 8 bis 10 Minuten garen lassen.

■ Herausnehmen, in Kompottschüsselchen füllen und warm servieren. Nach Belieben Schlagsahne dazu reichen.

Kirschen, ob im Salat, in der Suppe, auf Kuchen, Torten und Desserts, erfreuen in Naumburg in Sachsen-Anhalt jeden Gaumen und besitzen eine lange Historie. Denn eine Legende besagt, dass das Städtchen im Jahre 1432 von den Hussiten belagert wurde. Ja, es sollte sogar in Schutt und Asche gelegt werden.

Da fasste ein Lehrer Mut und machte sich mit allen Kindern, groß und klein, zum Bittgang auf den Weg – zu Prokop, dem Heerführer. Als der die weiß gekleidete, unschuldige Kinderschar sah, die ihn mit erschrockenen Augen flehentlich ansah, rührte das sein Herz. Er beschenkte sie reichlich mit den gerade heranreifenden Kirschen – und zog mit seinen Kriegern ab.

Zur Erinnerung an den glücklichen Ausgang feiert Naumburg seit über 500 Jahren alljährlich im Juni das Kirschfest. Mit allem, was dazugehört: Da stürmen hoch zu Ross die hussitischen Krieger heran, die lieblich geschmückten Kinder ziehen zum Bittgang, es gibt einen Festumzug, eine Ansprache und Kulinarisches, allem voran natürlich köstlich-knackige Kirschen.

Reissalate mit Früchten

Reissalat mit frischem Obst

Für die Sauce:
- 2 EL Zitronensaft
- 2 EL Grapefruitsaft
- 1 TL milder Senf
- Salz
- frisch gemahlener Pfeffer
- 4 EL Sojaöl
- 1–2 EL Portwein

Für den Salat:
- 100 g Erdbeeren
- 100 g blaue Trauben
- 2 Scheiben Ananas
- 1 Mango
- 2 Avocados
- 120 g gekochter Langkornreis

Mango-Reis-Salat

(unten)
- 2 Hähnchenbrustfilets
- 1 EL Butter nach Belieben
- 1–2 Mangos
- 2 Bananen
- ½ unbehandelte Limette

Für die Mayonnaise:
- 1 Eigelb
- Salz
- 1 Knoblauchzehe
- 150 ml Nussöl
- ½ Zitrone
- ca. 1 EL helle Sojasauce
- 200 g gekochter Langkornreis
- ½ Bund Koriandergrün

Reissalat mit frischem Obst

Für die Sauce: Alle dafür angegebenen Zutaten miteinander zu einer Sauce verrühren.

Für den Salat: Erdbeeren und Trauben waschen und halbieren, die Trauben entkernen. Ananas, Mango und Avocados schälen, das Fruchtfleisch in Würfel schneiden.

Die Salatsauce vorsichtig mit den Früchten und dem Reis vermischen. Den Salat nochmals abschmecken und gut gekühlt auf Glastellern servieren.

Statt Portwein können Sie natürlich auch einen anderen Südwein verwenden.

Mango-Reis-Salat

Die Hähnchenbrustfilets abgedeckt in der Mikrowelle bei 360 Watt etwa 2 ½ bis 3 Minuten garen oder in wenig Butter in der Pfanne beidseitig je 2 Minuten braten, abkühlen lassen und in Würfel oder Streifen schneiden.

Die Mangos schälen, den Stein herauslösen, das Fruchtfleisch in Scheiben schneiden und die Scheiben nochmals quer halbieren. Die Bananen schälen und in Scheiben schneiden. Die Limette waschen, abtrocknen, die Schale abreiben, den Saft auspressen. Die Früchte in eine Schüssel geben, mit Limettensaft und der abgeriebenen Schale vermischen.

Für die Mayonnaise das Eigelb mit Salz cremig rühren. Den Knoblauch abziehen und durchpressen oder sehr fein schneiden. Unter ständigem Rühren tropfenweise das Öl zugeben und nach und nach den Knoblauch, den Saft der Zitrone und die Sojasauce unterrühren.

Reis und Hähnchenbrust zu den Früchten geben. Die Mayonnaise unterziehen, abschmecken und einige Stunden gekühlt durchziehen lassen. Mit Korianderblättchen garniert servieren.

Beide Salate sind gut geeignet für ein größeres Buffet, das längere Vorbereitungen erfordert. Zumindest der Reis kann einen halben oder ganzen Tag vorher gekocht werden, damit er kalt genug ist. Außerdem gewinnt der Mango-Reis-Salat mit Hähnchenbrust durch einige Stunden Ziehen und Kühlen noch an Geschmack. Diese Zeit können Sie dann anderweitig nutzen – zum Beispiel für die Zubereitung anderer Leckerbissen, über die sich Gäste und Gastgeber freuen dürfen.

Delikate Fruchtsalate

Fruchtsalat mit saurer Sahne (oben)

Zutaten für 1 Person:

1	**Nektarine**
1	**Apfel**
▪	**Zitronensaft**
ca. 80 g	**Erdbeeren**
▪	**nach Geschmack** 100 g Weinbeeren

Für die Sauce:

▪	**Saft von 1 Orange**
1 Prise	**Vanillearoma**
1–2 EL	**Honig**
3–4 EL	**saure Sahne**
1–2 EL	**Pinienkerne**
1–2 EL	**Pistazienkerne**

Früchte mit Sprossen

Zutaten für 1 Person:

1	**Banane**
▪	**Saft von ½ Zitrone**
2	**Scheiben Ananas**
1	**Mango**
1	**Kiwi**
100 g	**körniger Frischkäse**
1–2 EL	**Honig**
2–3 EL	**Weizensprossen**
2 EL	**Sonnenblumensprossen**
1–2 EL	**Alfalfa-Sprossen**

Fruchtsalat mit saurer Sahne

▪ Die Nektarine waschen, halbieren, entkernen und in Würfel schneiden. Den Apfel nach Bedarf schälen, entkernen, ebenfalls würfeln und mit Zitronensaft beträufeln. Die Erdbeeren und eventuell die Weinbeeren verlesen, waschen, gut abtropfen lassen und halbieren oder vierteln.

▪ Die Früchte in einer Schüssel vermischen und dekorativ anrichten – Erdbeeren nach außen gelegt, eignen sich besonders dafür.

▪ **Für die Sauce** den Orangensaft mit dem Vanillearoma, dem Honig und der sauren Sahne glatt rühren und gleichmäßig auf dem Fruchtsalat verteilen.

▪ Mit Pinien- und Pistazienkernen bestreuen und servieren.

Früchte mit Sprossen

▪ Die Banane schälen, in feine Würfel schneiden und sofort mit dem Zitronensaft beträufeln.

▪ Die Ananasscheiben in Würfel schneiden. Die Mangohaut einritzen und wie die Kiwi dünn schälen. Das Mangofruchtfleisch vom Kern lösen und mit der Kiwi in Würfel schneiden.

▪ Alle Früchte mit dem körnigen Frischkäse in einer Schüssel vermischen. Je nach Geschmack mit Honig süßen.

▪ Die Sprossen verlesen, waschen, gut abtropfen lassen.

▪ Das Früchtemüsli anrichten, mit den Sprossen bestreuen und servieren.

Fruchtiges

Exotischer Früchtesalat
Melonensalat

Exotischer Früchtesalat
(Foto)
- 1 reife Papaya
- 1 Mango
- 2 Kiwis
- 2 frische Feigen
- 1 Ogen-Melone (etwa 500 g)

Für die Salatsauce:
- 8 EL Weißwein oder Apfelsaft
- 1 EL Zitronensaft
- 2 EL Honig
- 50 g gehackte Haselnüsse oder Mandeln

nach Belieben
- etwas Alkohol zum Aromatisieren

Melonensalat
Zutaten für etwa 10 Personen:
- 1/2 unbehandelte Limette
- 1 Zitrone
- 2 EL Zucker
- 4 Msp. echte Bourbon-Vanille
- 1–2 Msp. Kardamom
- 1 Msp. Zimt
- 500 g Naturjoghurt
- je 1 Melone mit orangefarbenem, gelbem oder weißem Fleisch
- 1/2 Melone mit rotem Fleisch
- 2–3 Zweige Zitronenmelisse

Exotischer Früchtesalat

▎Die Papaya schälen, halbieren, die ungenießbaren Kernchen herausschaben und das Fruchtfleisch klein schneiden. Die Haut der Mango einritzen und abziehen, danach das Fruchtfleisch, das oft sehr fest am Kern haftet, in Spalten vom Kern ablösen. Die Kiwis schälen und in Scheiben schneiden. Die Feigen gründlich waschen, entstielen und vierteln.

▎Die Melone halbieren und die Kernchen entfernen. Das Fruchtfleisch mit einem kleinen Löffel oder Melonenausstecher herausholen.

▎Alle Früchte in Portionsschälchen hübsch anrichten und bis zum Servieren kühl stellen.

▎Die Zutaten für die Salatsauce gut mischen und erst kurz vor dem Servieren über die Früchte geben.

Melonensalat

▎Die Schale der Limette abreiben. Den Saft der Limette und Zitrone auspressen. Mit Zucker, Vanille, Kardamom und Zimt unter den Joghurt rühren. Die Melonen aufschneiden. Die Kerne entfernen. Mit einem Kugelausstecher das Melonenfleisch formen und gut gekühlt mit den kleinen Zitronenmelisseblättchen garniert servieren. Den Joghurt darüber geben oder gesondert dazureichen.

Zwar hat uns weltweiter Handel fast alle exotischen Früchte näher gebracht, sodass sie beinahe alltäglich wirken. Doch es lohnt sich immer, vollreife Papayas oder Mangos einmal pur zu genießen: einfach mit etwas Zitronensaft beträufelt, der ihren Eigengeschmack verstärkt.

Sommerlicher Party-Frucht-Salat

Zutaten für 12 Personen

- 500 g **Pfirsiche**
- 500 g **Aprikosen**
- 250 g **Himbeeren**
- 250 g **Erdbeeren**
- 500 g **Brombeeren**
- 250 g **Birnen**
- 300 g **säuerliche Äpfel**
- **nach Belieben Stachel- oder Johannisbeeren**
- 5 EL **Rosinen**

Für die Sauce:

- 500 g **Sahnejogurt**
- 1 EL **Zitronensaft**
- 1–2 EL **Zucker**
- 3 EL **Johannisbeergelee**

Wenn die Pfirsiche und Aprikosen geschält werden sollen, Früchte nacheinander kurz in kochendes Wasser tauchen. So lässt sich die Haut leichter abziehen. Die Kerne entfernen und das Fruchtfleisch in Spalten schneiden. Himbeeren, Erdbeeren und Brombeeren verlesen. Eventuell anhaftenden Schmutz von oder kleine Tiere aus den Himbeeren möglichst ohne Wasser entfernen. Erd- und Brombeeren vorsichtig und kurz waschen.

Birnen und Äpfel – nach Belieben und Härte der Schale – schälen, Kerngehäuse entfernen und die Früchte ebenfalls in Spalten schneiden.

Alle Früchte in einer großen Schüssel anrichten, die Rosinen darüber streuen.

Alle Zutaten für die Salatsauce vermischen und extra dazureichen.

In der Nachkriegszeit wäre dieser Salat wahrscheinlich ohne Aprikosen und Pfirsiche zubereitet worden. Doch längst sind wir es gewohnt, aus dem vollen Marktangebot zu schöpfen. Mit spät reifen Erdbeeren und jeweils einer frühen Sorte Birne und Apfel ist es auch leicht, sich diesen Salat zusammenzustellen. Wer mag, nimmt noch zusätzlich Stachelbeeren, Johannisbeeren oder was der mittel- und südeuropäische Hochsommer alles gleichzeitig bietet, hinzu und erweitert so das Geschmacks-Erlebnis.

108 Die Rezepte alphabetisch

Soweit in den Rezepten nicht anderes vermerkt ist, sind die Zutaten für vier Personen berechnet.

Austernpilz-Salat	94	Kartoffelsalat mit Jogurtbällchen	88	Salat von Limabohnen und Brokkoli	36
Avocado-Reis-Salat	78	Kartoffelsalat mit Löwenzahn	60	Schotensalat	68
		Kartoffelsalat nach		Schwedischer Salat	70
Blutorangensalat	12	Art der Champagne	76	Schweinsbackerlsalat	90
Brennnesselsalat	86	Kartoffelsalat, saarländischer	60	Sellerie-Ananas-Salat	44
Brunnenkressesalat	54	Kichererbsensalat	20	Sellerie-Apfel-Rohkost	44
Bündner Nudelsalat	58	Kopfsalat mit frischen Erdbeeren	14	Sellerie-Kartoffel-Salat	40
				Semmelknödelsalat	82
Champignonsalat	94	Linsensalat	34	Sommersalat	24
Chicoréesalat mit Krabben und Ei	80	Löwenzahnsalat	12	Specksalat	64
Chinakohlsalat, fruchtiger	48				
		Mango-Reis-Salat	100	Tomaten-Rohkost	30
Eichblattsalat mit Lammfilets	56	Matjessalat	96	Tomatensalat mit Rotwurst	62
Endiviensalat rheinisch	64	Melonensalat	104		
				Weizenschrotsalat	92
Feldsalat mit Sellerie	32	Nudel-Spargel-Salat	58		
Feldsalat sächsisch	32			Zucchini- und Tomatensalat	18
Fischsalat, Szegediner	72	Party-Frucht-Salat, sommerlicher	106	Zungensalat	68
Fruchtsalat mit saurer Sahne	102	Partysalat	78		
Früchte mit Sprossen	102	Partysalat provenzalisch	22		
Früchtesalat, exotischer	104				
Frühlingssalat mit verlorenen Eiern	28	Radicchio-Orangen-Salat	38		
		Reissalat mit Minze	84		
Geflügelsalat mit Trauben	52	Reissalat mit frischem Obst	100		
Gemüsesalat	46	Rindfleischsalat mit Pfifferlingen	66		
Geschmorter Salat	30	Rote Bete eingelegt	42		
Gurkensalat-Varianten	16	Rote-Bete-Rohkost	42		
		Rotkrautsalat mit Entenbrust	50		
Hähnchen-Avocado-Salat	54	Rucola-Rettich-Salat	96		
Heißer Salat	98				
Heringssalat	74	Salamisalat	72		
Hochzeitssalat	86	Salat-Allerlei mit Käsesauce	26		

Impressum 109

Bildquellen: alle Bilder Sigloch Edition Bildarchiv. Blaufelden

Maria Buchheim
© Sigloch Edition, Am Buchberg 8, D-74572 Blaufelden
Internet: www.sigloch.de
Bildarchiv Internet: www.sigloch.de
Nachdruck verboten. Alle Rechte vorbehalten. Printed in Latvia
Satz und Gestaltung: Peter Hensel, P.H.Design
Druck: Preses Nams Corp.
Papier: 150 g/m² Finesse 300, Kymmene Fine Paper AG
Buchbinderei: Preses Nams Corp.

ISBN: 3-89393-227-5